Langenscheidt Grammatiktraining

Spanisch

Übungen zu allen wichtigen Grammatikthemen

von Astrid Böhringer und Marta Rabinovich

Langenscheidt

Herausgegeben von der Langenscheidt-Redaktion

Lektorat: Dr. Olga Balboa
Layout: Ute Weber
Überarbeitung: Dr. Christiane Wirth und Torsten Lasse

www.langenscheidt.com

Druck und Bindung: Multiprint GmbH, Kostinbrod

ISBN 978-3-12-563527-2

Vorwort

Im **Grammatiktraining Spanisch** von Langenscheidt finden Sie **mehr als 150 Übungen** zu den wichtigsten Themen der spanischen Grammatik, wie z. B. **den Verben *ser* und *estar*, dem Gebrauch der Vergangenheitsformen (*pretérito perfecto, pretérito indefinido* und *pretérito imperfecto*)** oder **dem Konjunktiv (*el subjuntivo*)**. Das **Grammatiktraining Spanisch** eignet sich gleichermaßen für Anfänger und Fortgeschrittene. Sie können es zum Lernen oder zum Auffrischen benutzen und so Ihr Spanisch perfektionieren.

Die Übungen wurden speziell auf die Bedürfnisse von Deutschsprachigen zugeschnitten. Der übersichtliche Aufbau und die zweifarbige Gestaltung ermöglichen eine schnelle Orientierung. Da die Beispielsätze auf der spanischen **Alltagssprache** und einem **einfachen Wortschatz** basieren, bleibt Ihnen mühsames Nachschlagen schwieriger Vokabeln erspart.
Die Übungen selbst sind in drei Schwierigkeitsgrade eingeteilt:
* = leicht, ** = mittel, *** = anspruchsvoll. Sie sind so angelegt, dass Sie sie **schriftlich im Buch** lösen und mithilfe des **Lösungsschlüssels** sofort kontrollieren können. Dadurch ist das Buch besonders geeignet für das **Selbststudium.**

Und nun wünschen wir Ihnen viel Spaß beim Grammatiktraining!

Die Autorinnen und die Langenscheidt-Redaktion

Inhaltsverzeichnis

1 Betonung, Akzent und Zeichensetzung

1. Setzen Sie die fehlenden Akzente. ★★

1. El otro dia al salir de la cafeteria me cai, pero no fue grave.
2. Jose y tu trabajais en la misma panaderia, ¿verdad?
3. No se si voy a pasar el examen, es muy dificil.
4. El jardin que esta al lado del rio tiene arboles todavia muy jovenes.
5. La policia anuncio que un ladron se escapo de la carcel.
6. Pero, Maria, ¿como?, ¿que no comes mas maiz con platanos?
7. La mayoria de las farmacias estan en la calle America.
8. En esta habitacion vacia puedo tocar el violin con tranquilidad.
9. Esa cancion con musica de organo me encanta.
10. ¿Quien sale a pasear con este frio?

2. Brauchen diese Wörter einen Akzent? Ergänzen Sie ihn, wo nötig, und ordnen Sie die Wörter den Betonungsmustern zu. ★★

contar ✔ ciudad perejil* panaderia silaba ✔ palabras ✔ coche
oracion camara vehiculo limon maquina Madrid Paris arbol
crisis Jerez Mexico Turquia Cuba Peru telefono

■ □ □	□ ■ □	□ □ ■
sílaba	*palabras*	*contar*

* **el perejil** Petersilie

3. Ergänzen Sie die fehlende Zeichensetzung. ★

1. Dónde está Berlín
2. Cuánto cuestan las patatas
3. Qué caros están los tomates
4. Atención
5. Por qué me miras así
6. Julio es médico y su hermano ingeniero
7. Querida Elena Acabo de llegar ...

4. Mit oder ohne Akzent? In jeweils einem der zwei Beispielsätze hat das unterstrichene Wort einen Akzent. In welchem? Übersetzen Sie anschließend die Sätze. ★★

1. ¿Cuándo <u>te</u> vas de vacaciones? ....

   El <u>te</u> con leche está frío. ....
2. Éste no es <u>mi</u> abrigo. ....

   A <u>mi</u> no me gusta la música de rock. ....
3. <u>El</u> es una persona muy simpática. ....

   <u>El</u> amigo de Juana es de París. ....
4. <u>Si</u> quieres, nos vemos mañana a las 12. ....

   <u>Si</u>, te espero en el restaurante para comer. ....
5. No <u>se</u> cuándo llega el tren. ....

   <u>Se</u> ducha siempre por las mañanas. ....

5. Bilden Sie kleine Dialoge und ergänzen Sie die Zeichensetzung. ★★★

1. — médico - eres ....

   — soy - periodista - no ....
2. — avión - de - cuándo - llega - el - Málaga ....

   — las - 15 - horas - a ....
3. — y - dónde - Carlos - son - de - Julia ....

   — Aires - Buenos - de - son ....

2 Das Substantiv

1. Setzen Sie den Artikel *el* bzw. *la*. ★

la ...... memoria	...... nación	...... café
...... libro	...... sillón	...... mano
...... tren	...... problema	...... idioma
...... calor	...... iglesia	...... salud
...... universidad	...... camión	...... muchedumbre
...... radio	...... precisión	...... tema

2. Setzen Sie den Artikel *el* bzw. *la*. ★★

la ...... alegría	...... arte	...... agencia
...... afición	...... haba	...... águila
...... hambre	...... alma	...... hacha
...... agua	...... abeja	...... alarma

3. *El* oder *la*? Ergänzen Sie den bestimmten Artikel. ★★★

1. ...... guía que nos enseñó la ciudad era muy simpático.
2. ...... guía de París que me prestaste no contiene mucha información.
3. No te puedes imaginar ...... cólera que me entró cuando me robaron el bolso.
4. ...... cólera es una enfermedad muy grave.
5. ...... cura del pueblo vive en una casita al lado de la iglesia.
6. ...... cura me ayudó a restablecerme por completo.
7. ...... corte de este vestido ya no es muy actual.
8. ...... corte del rey Felipe II estuvo primero en Valladolid.

4. Bilden Sie den Plural der folgenden Substantive. ★

el perro	*los perros*	la flor	....
el sofá	....	el coche	....
la mesa	....	el iraní	....
el rey	....	la campana*	....
la canción	....	el lápiz	....
el profesor	....	el gorro**	....
el mes	....	la libertad	....
la cruz	....	la costumbre	....

5. Setzen Sie den bestimmten Artikel im Singular ein und bilden Sie dann den Plural. ★★

el tenedor	*los tenedores*	.... mano	....
.... amiga	....	.... área	....
.... miércoles	....	.... paraguas	....
.... garaje	....	.... torre	....
.... sociedad	....	.... poema	....
.... arte	....	.... lección	....

6. Bilden Sie die weibliche Form der folgenden Substantive. ★★

1. el secretario	*la secretaria*	6. el cantante	....
2. el hermano	....	7. el padrino	....
3. el actor	....	8. el médico	....
4. el gato	....	9. el periodista	....
5. el estudiante	....	10. el deportista	....

* **la campana** die Glocke; ** **el gorro** die Mütze

3 Der Artikel

1. Setzen Sie, wenn nötig, den bestimmten Artikel ein. ★

1. Los ladrones entraron en el sótano*.
2. Nos veremos .... lunes próximo.
3. He comprado .... pescado, pero no es .... pescado que me encargaste**.
4. ¿Dónde están .... libros que te presté?
5. .... señora Calderón nos va a acompañar en este viaje. ¿Verdad, ... señora Calderón?
6. Mi padre tiene .... pelo rubio.
7. Te presento a Carlos. Es .... pintor. Es .... pintor que hace poco ganó el premio del Ayuntamiento.
8. No creo que vaya a venir todavía. Son ya .... cuatro.
9. Me gustan más .... rosas que .... claveles***.
10. Hemos estado dos veces en .... Cuba y lo que más nos gustó fue .... Habana.
11. Me encantan .... iglesias románicas.

2. Setzen Sie, wenn nötig, den unbestimmten Artikel ein. ★

1. Jaime es un verdadero amigo.
2. ¿Tienes .... copia para mí?
3. Póngame .... medio kilo de tomates.
4. Mi mujer tiene .... tío en Estados Unidos.
5. Tu conducta es impropia de .... chico de dieciséis años.
6. Vamos a buscar .... otro hotel.
7. ¿Hay .... farmacia por aquí cerca?
8. No tenemos .... coche.
9. Carmen no es .... catalana.

* **el sótano** der Keller; ** **encargar** empfehlen; *** **el clavel** die Nelke

3. *Lo* oder *lo que*? ★★

1. Lo que .... más me fastidia* de ti es que nunca me escuchas.
2. Dime claramente .... quieres.
3. .... más importante es que mantengamos la calma.
4. Es realmente increíble .... me contó el otro día.
5. .... curioso es que nadie se enteró.
6. ¡ .... bien que se come en este restaurante!
7. .... de Paco no tiene solución.
8. .... primero que hizo al entrar en casa fue abrir todas las ventanas.
9. ¡No te puedes imaginar .... han hecho estos niños!
10. .... bueno de Ester es que es muy amable con todo el mundo.

4. Setzen Sie, wenn nötig, den entsprechenden Artikel ein. ★★

1. Lo .... mejor de la película es el final.
2. No me gustan .... personas arrogantes.
3. Tenemos .... hambre feroz.
4. .... mentira de esta importancia es difícil de perdonar.
5. Los exámenes serán .... 10 de junio.
6. .... bromas** de Julio no me gustan.
7. .... bares de .... centro son muy ruidosos.
8. .... soledad es algo que casi nadie puede soportar.
9. Alicia juega muy bien a .... tenis.
10. Nunca me dijo .... que había pasado aquella noche.
11. Ha venido a la fiesta con .... pierna fracturada.
12. Dame .... otro cigarrillo.
13. ¿Qué le podemos regalar a Almudena?, ¿ .... pendientes*** o mejor .... pulsera****?

* **fastidiar** ärgern; ** **la broma** der Witz, der Scherz; *** **el pendiente** der Ohrring; **** **la pulsera** das Armband

5. Übersetzen Sie die folgenden Sätze. ★★★

1. Ich mag spanische Weine.
2. Die Vulkane des Südens sind die höchsten.
3. Großzügigkeit ist eine schöne Tugend.
4. Meine Schwester fährt mit dem Fahrrad zur Schule.
5. Wir verstehen nie, was er sagt.
6. Rosa hat grüne Augen und braunes Haar.
7. Das Angenehme an diesem Haus ist seine Lage.
8. Mit dem Auto brauchen wir eine halbe Stunde.
9. Ich habe auf dem Festival („ein paar") Filme gesehen, die mich sehr beeindruckt haben.
10. Herr Alarcos ist der Besitzer dieses Autos.
11. Wie viel Uhr ist es? – Es ist ein Uhr.
12. Nein, es ist schon zwei Uhr.
13. Ich habe mir eine Hose gekauft.
14. Carmen trägt eine Brille.
15. Montags gehen wir immer ins Kino.

4 Die Personalpronomen

1. Ersetzen Sie die unterstrichenen Wörter durch das richtige Pronomen: *lo, la, los, las.* ★

1. Elena compra las gambas en el mercado.
   Las compra en el mercado.
2. Viviana ha cortado una rosa del rosal.
   ....
3. ¿No queréis ver a vuestro padre?
   ....
4. Amalia encontró su bolso en la Universidad.
   ....
5. Mafalda dijo una vez: "Yo quiero siempre a la patria".
   ....
6. Por fin Julia obtuvo su carné de conducir.
   ....

2. Setzen Sie die fehlenden Pronomen ein: *lo, la, los, las, le, les.* ★★

1. — ¿Vemos hoy la película de Almodóvar en la tele?
   — No, ya .... he visto en el cine.
2. A Rosa .... ofrecieron un coñac, pero ella .... rechazó porque no .... sienta bien.
3. — ¿Por qué no invitas a tu jefe a tu cumpleaños?
   — La verdad, no .... había pensado.
4. — Mamá, no .... has puesto sal al cocido*, está muy soso.
   — Pues yo creo que .... he puesto suficiente.
5. — ¿Vas a escribir tú a Susana por su cumpleaños?
   — Sí, ... he comprado ya una postal muy bonita, ¿ .... quieres ver?

* **el cocido** der Eintopf

6. — ¿Todavía no habéis llevado las copas de regalo a vuestros amigos?

   — Sí, ya .... tienen y hasta .... hemos usado. Hemos bebido champán.

7. A Julia .... encanta tocar la batería, pero a sus vecinos .... molestan esos ruidos.

8. Necesito las llaves del coche, pero no .... encuentro, ¿no .... has visto tú?

9. A nuestros vecinos no .... parece bien que no .... permitan tener animales en casa.

10. — ¿Compramos estos pantalones para Pepito?

    — No, ... veo un poco pequeños.

3. Bilden Sie Sätze. ★★

1. esa - recordó - natal - nuestro - nos - foto - país
   Esa foto nos recordó nuestro país natal.
2. en - útil - este - mapa - España - te - lo - compré - tan
   ....
3. los - pescado - García - el - encanta - a - señores - les
   ....
4. de - próximo - cenar - las - semana - a - fin - invitamos - el
   ....
5. me - el - no - mí - marisco - gusta - a
   ....
6. en - las - escritorio - el - gafas - encontré - del - mis - cajón*
   ....
7. en - de - pan integral** - lo - panadería - el - compráis - la - enfrente ¿?
   ....
8. a - lo - cumpleaños - invitas - Jorge - a - tu ¿?
   ....
9. la - Mallorca - enviamos - desde - postal - la - te
   ....

* **el cajón** die Schublade; ** **el pan integral** das Vollkornbrot

4. Ersetzen Sie das Unterstrichene durch *se la, se lo, se las, se los.* ★★★

1. La abuela cuenta siempre historias divertidas a su nieto.
   Se las cuenta.
2. La profesora explica los pronombres a los estudiantes.
   ....
3. Después de cenar pedimos la cuenta al camarero.
   ....
4. Sara y Jorge llevan el regalo a su sobrino.
   ....
5. Ya solucioné los problemas a mis hijos.
   ....

5. Setzen Sie die fehlenden Pronomen ein: *me lo, te lo, le, los* usw. ★★★

1. — ¿Me prestas tu coche para mañana, papá?
   — No, te lo presté hace un mes y .... devolviste* abollado**.
2. — ¿Nos recomiendas un buen vino de tu bodega?
   — Sí, el Merlot, por ejemplo, es excelente. .... recomiendo especialmente.
3. Dame la carta que llegó ayer, por favor, todavía no .... has dado.
4. — Abuelita, si tienes sellos, ¿.......... .... guardas? Yo .... colecciono.
5. — ¿Sabes si Luisa le ha vendido ya su coche viejo a Pedro?
   — No, todavía no .... ha vendido.
6. — Sra. Ramírez, ¿.......... deja sus libros a Alicia?
   — Sí, ... dejo, pero mañana .... necesito.
7. — El lunes tuve que ir al dentista porque me dolía una muela.
   — ¿Y qué pasó?
   — El dentista .... sacó porque tenía una caries muy grande.

* **devolver** zurückgeben; ** **abollado/a** verbeult

6. Verbinden Sie. ★★

1. Quisiera un poco de leche,
2. Cómprale flores a Carlos,
3. ¿Has elegido el regalo para Matilde?
4. Sra. Pérez, préstele las sillas a los chicos,
5. A Antonio no le divierte hacer compras;

a) le encantan las rosas.
b) ¿me la pasas?
c) se las devolverán pronto.
d) pero a su mujer le gusta.
e) Sí, se lo mandé ayer.

7. Ergänzen Sie den Text. ★★★

El martes, Juan me preguntó por ________ (2. Pers. Sing.) ①, quería hablar con ________ (2. Pers. Sing.) ②, y como hoy comes con ________ (1. Pers. Sing.) ③, ________ ④ dije que ibas a llamarlo por teléfono. Mabel también come con ________ (1. Pers. Pl.) ⑤, por eso he preparado pollo al ajillo* especialmente para ________ (2. Pers. Pl.) ⑥, porque sé que ________ ⑦ gusta mucho. Quizás después, entre ________ (2. Pers. Sing.) ⑧ y ________ (3. Pers. Sing.) ⑨, ________ (1. Pers. Sing.) ⑩ ayudáis con el postre.

8. Setzen Sie die Pronomen ein und ergänzen Sie fehlende Akzente. ★★

1. A mí me parece que Adriana abusa de los medicamentos para adelgazar, hace tiempo que vengo diciéndo*selo* pero ella continúa tomando________ .
2. Pese a haber heredado una fortuna de sus abuelos, si Alberto juega de esa forma, acabará perdiendo________ .
3. Tu bicicleta es muy vieja y no sirve seguir reparando________ , no sé por qué no te compras una nueva; hace meses que estás pensando________ sin decidir________ por nada.
4. Susana es muy orgullosa. Creo que es inútil seguir hablando________ de Pedro: nunca va a perdonar________ su ofensa.

* **al ajillo** mit gehacktem Knoblauch und Petersilie gebraten

5 Die Demonstrativpronomen

1. Setzen Sie in den Plural. ★

1. Este nogal* da muy buenas nueces.
   Estos nogales dan muy buenas nueces.
2. Ese coche no está correctamente aparcado.
   ……………………………………
3. Aquella casa está bien construida.
   ……………………………………
4. Aquel empleado es muy simpático.
   ……………………………………
5. Esta ciudad tiene varios museos interesantes.
   ……………………………………
6. — Mira, Felipe, éste es mi hermano.
   ……………………………………

2. Bringen Sie die Sätze in die richtige Reihenfolge. ★★

1. — No, esos colores no me gustan, ¿y negras no hay?
2. — No, ésta es la única, y es una 42, pero ahí tiene otras. De ésas tenemos en todas las tallas, pero sólo en rojo, azul y amarillo.
3. — Éste es muy bonito, me llevo la falda y este jersey. ¿Cuánto cuestan?
4. — Sí, aquéllas son negras y también las tenemos en la 38. ¿Quiere probarse alguna?
5. — Sí, claro. Mire, los de esta mesa están rebajados. Aquí tiene uno de la 38.
6. — Sí, gracias. (...) Ésta me queda bien, ¿tiene también jerséis negros?
7. — Hola, buenos días, me gusta esta falda blanca, ¿la tiene en la talla 38?
8. — La falda, 53 euros y el jersey, 32.

* **el nogal** der Nussbaum

3. Bilden Sie Sätze. ★★★

1. mesa - estos - pongo - aquí - en - los - la - libros
   Estos libros los pongo aquí, en la mesa.
2. ese - tienda - probarme - en - quisiera - ahí - esa - vestido
3. allí - Ayuntamiento - es - aquello - el - de
4. es - haces - que - creo - no - eso - correcto - que
5. Rosa - son - mis - mira - éstos - padres
6. — dónde - el - está - museo - ¿?
   — edificio - aquel - es - allí - de
7. — de - chico - al - lado - es - quién - ese - ¿? - tu - madre
   — Antonio - tío - mi
8. — tu - maleta - es - cuál - ¿?
   — azul - de - allí - aquella
9. en - casa - nací - esa - yo
10. no - esas - toques - delicadas - flores - son - muy

6 Die Possessivpronomen

1. Ergänzen Sie die Antworten mit den Possessivpronomen *mío, tuyo, suyo* usw. ★

1. — ¿Vuestras bicicletas están al lado del árbol?
   — No, las .... están en el garaje.
2. — ¿El coche verde es de Sofía?
   — No, el .... es el rojo, éste es de una amiga ....
3. — ¿Es éste mi asiento?
   — No, el .... es el de al lado.
4. — ¿Estos cuadros son de tu padre?
   — No, los .... están en la biblioteca.
5. — ¿Son tuyos estos guantes?
   — No, no son .... Los .... los llevo puestos.

2. Bilden Sie Sätze wie im Beispiel. ★★

1. Yo / la cartera roja.
   La cartera roja es mía.
2. Nosotros / las toallas de flores
   ....
3. Alberto / el coche nuevo
   ....
4. Tú / el paraguas amarillo
   ....
5. Vosotras / el equipaje
   ....
6. La Sra. López / los perros
   ....

3. Andrea, die sich in Madrid bei einer Familie als Au-pair-Mädchen aufhält, schreibt ihrer spanischen Freundin Teresa einen Brief. Setzen Sie die fehlenden Possessivpronomen ein. ★★

Madrid, 10 de octubre

¡Hola, Teresa!

¿Qué tal?

Te escribo desde Madrid donde llevo ya una semana. Te cuento cómo han sido *mis* ① primeros días aquí. Al llegar a la estación de Chamartín .... ② familia española me estaba esperando: la señora González, bueno, me ha dicho que la llame simplemente Lola, ... ③ marido Fernando y .... ④ dos hijas, Luz y Berta. Desde allí fuimos a .... ⑤ casa y me enseñaron enseguida .... ⑥ habitación. Dejamos .... ⑦ maletas allí y coloqué .... ⑧ ropa y .... ⑨ cosas en el armario. Lola preparó algo para cenar, cenamos y luego estuvimos charlando. La casa es muy grande pero algo ruidosa. .... ⑩ habitación no es muy grande, pero tengo todo lo que me hace falta.

Mañana empiezan .... ⑪ clases de español. ¡Ojalá que .... ⑫ compañeros sean simpáticos y que .... profesora o .... ⑬ profesor sea bueno! Quiero aprender mucho español durante estas semanas.

Bueno, por hoy nada más.

Escríbeme pronto, ¡espero .... ⑭ respuesta!

Un abrazo,

Andrea

7 Die Indefinitpronomen

1. Ergänzen Sie mit *algo, nada, alguien, nadie, cualquier, -a.* ★

1. La profesora ha dicho .... que no he comprendido.
2. Si .... pregunta por él, dile que salió a .... parte.
3. Cuando vamos a la ciudad elegimos una cafetería .... y tomamos ....
4. Al terminar el discurso no aplaudió ....
5. Dijo que había escuchado .... , pero al salir no vio ....

2. Ergänzen Sie mit einer Form von *algún* oder *ningún.* ★★

1. — Quería comprar .... ① naranjas en la frutería de enfrente, porque no quedaba .... ② en casa, pero .... ③ me gustó.
   — Si .... ④ vez quieres comprar fruta, te aconsejo que de .... ⑤ manera vayas allí, no tienen buena fruta.
2. — ¿Pasa por aquí .... ⑥ autobús?
   — No, por esta calle no pasa .... ⑦.
3. ¿Has ido .... ⑧ vez a comer a ese restaurante?

3. Ergänzen Sie den Text mit *nadie, ningún, ninguna, alguien, algo* oder *nada* und mit den Adverbien *nunca* und *no.* ★★★

Don José vive solo al lado del mar, pero no va .... ① a la playa. Cuando hace mucho calor, va al bar del pueblo, pero no le gusta hablar con .... ② y tampoco saluda a .... ③. Toma una cerveza, pero .... ④ come .... ⑤. No tiene .... ⑥ amigo ni .... ⑦ amiga, y si .... ⑧ le pregunta .... ⑨, no responde .... ⑩.

8 Die Interrogativpronomen und -adverbien

1. Fragen Sie noch einmal nach. ★

1. Los turistas son de Japón.
2. Me encanta la música clásica.
3. Hemos venido a pie.
4. He encontrado a María en el cine.
5. El examen tiene lugar en el aula 12.
6. Esta mañana no he podido ir a clase.

a) ¿A quién?
b) ¿Dónde?
c) ¿Cómo?
d) ¿De dónde?
e) ¿Por qué?
f) ¿Qué?

2. Ergänzen Sie mit einer Form von *cuándo*, *cuánto* oder *cuál*. ★★

1. ¿ .... de estos pañuelos te gusta más?
2. ¿Sabes .... instrumentos toca mi maestro? ¡Seis!
3. Tenemos que preguntar .... cuestan las sandías*.
4. Todavía no me has dicho .... te vas de vacaciones.
5. ¿ .... años tiene la hermana de Juan?

3. Ergänzen Sie die Sätze mit *cuál* oder *qué*. ★★

1. Tenemos vino de la casa, Rioja, Merlot y Burdeos, ¿ .... prefieren?
2. ¿A .... hora vamos hoy al cine, a las cinco o a las ocho?
3. ¿En .... autobús vas al trabajo?
4. La señora Pérez me ha preguntado .... es tu número de teléfono.
5. ¿ .... problema tienes?
6. ¿ .... ejercicios te parecen más difíciles?
7. ¿ .... es la capital de Ecuador?
8. ¿ .... de estos relojes te gusta más?

* **la sandía** die Wassermelone

9 Die Relativpronomen

1. Setzen Sie *que* bzw. *quien* ein. Ergänzen Sie, wenn nötig, den bestimmten Artikel. ★★

1. Es mi vecina .... se ha mudado de piso.
2. Las conversaciones .... oí aquella tarde fueron muy interesantes.
3. No todos .... van a misa son creyentes*.
4. El abrigo .... ha comprado es de piel.
5. Había un gran atasco**, por .... llegué tarde a la cita.
6. Éste es el joven .... reúne los requisitos necesarios para el empleo.
7. Éstas son las flores .... he comprado para ti.
8. La mujer de .... te conté sus problemas vive cerca de aquí.
9. Nevaba mucho, por .... nos quedamos en casa.

2. Setzen Sie nach dem Beispiel um. ★★

1. A Alejandro se le rompió la bicicleta. La bicicleta no era suya.
   La bicicleta que se le rompió a Alejandro no era suya.
2. El bebé tenía un juguete. El juguete se le cayó al suelo.
   ....
3. Los jóvenes encontraron una billetera en la calle. Los jóvenes entregaron la billetera a la policía.
   ....
4. Claudio ha comprado un móvil. Claudio no lo usa nunca.
   ....
5. Le dejé unos libros. No me ha devuelto los libros.
   ....
6. Te has puesto el vestido verde. El vestido verde no me gusta.
   ....

* **el/la creyente** der/die Gläubige; ** **el atasco** der Stau

3. Verbinden Sie. ★

1. Aquella es la chica
2. Un viaje así es
3. Ése es el hombre
4. Puedes vender todo
5. No sé qué música es
6. Quien quiera ir al teatro

a) lo que no necesites ahora.
b) que conocimos en París.
c) que me lo diga, por favor.
d) del que te hablamos ayer.
e) el que me gustaría hacer a mí.
f) la que te gusta.

4. Ergänzen Sie die richtige Präposition. ★

a de en con para desde

1. La cafetería .... la que te escribo esta postal está en la Plaza Mayor.
2. Mira, en esa casa vive el profesor de español .... el que te hablé el otro día.
3. Necesito a alguien .... quien contarle mis problemas.
4. La empresa .... la que trabajo de vez en cuando busca informáticos.
5. La chica .... la que estoy escribiendo el libro de ejercicios me ha invitado a comer el domingo en su casa.
6. Éste es el cine .... el que dan películas en versión original.

5. *Cuyo, cuya, cuyos* oder *cuyas*? Ergänzen Sie. ★

1. El pintor, ... obras se exponen este mes en la Caja de Ahorros*, estudió en París.
2. ¿Te acuerdas de Enrique y Pilar, en .... casa pasamos el año pasado unos días inolvidables?
3. Mi abuela fue una mujer muy fuerte, ... únicos defectos eran la soberbia** y el mal carácter.
4. Este palacio, en .... sala de audiencias nos encontramos en este momento, fue construido en el siglo XVIII.

* **la caja de ahorros** die Sparkasse; ** **la soberbia** der Hochmut

10 Das Adjektiv

1. Setzen Sie die passende Form des Adjektivs ein. ★

1. Esta casa es *pequeña* . (pequeño)
2. He comprado un mantel* muy .... para la mesa del comedor. (bonito)
3. Los vinos de este productor son bastante .... (bueno)
4. Las entradas para el concierto sinfónico eran muy .... (caro)
5. ¿Has pensado en .... los detalles del plan? (todo)
6. Los árboles de nuestro jardín son ya muy .... (viejo)
7. Las copas todavía están .... (sucio)
8. Después de la caminata** estábamos bastante .... (cansado)
9. Esta silla no es muy .... (cómodo)
10. Hoy es un .... día para nosotros. (grande)
11. Os voy a servir un .... vino. (bueno)
12. Con su comportamiento, Miguel da muy .... ejemplo. (malo)

2. Setzen Sie das Adjektiv an die richtige Stelle und passen Sie es an das Substantiv an. ★★

1. francés – la canción
   la canción francesa
2. dulce – la miel
   ....
3. típico – el restaurante
   ....
4. negro – el gato
   ....
5. tropical – el calor
   ....
6. caro – el viaje
   ....
7. poco – gente
   ....
8. pequeño – los problemas cotidianos
   ....

* **el mantel** die Tischdecke; ** **la caminata** der Fußmarsch

3. Setzen Sie die passende Form des Adjektivs ein. ★★

1. Los alemanes tienen fama de ser .... (trabajador)
2. No todos los temas del curso han sido .... (interesante)
3. Los deportistas .... estaban entre los mejores. (marroquí)
4. Ésta es mi hermana .... (mayor)
5. Nuestras amigas .... vendrán a vernos el próximo mes. (francés)
6. La camisa .... todavía está en la tintorería. (marrón)
7. Estos niños son muy .... (holgazán)
8. En la sala había una temperatura .... (tropical)
9. Ella se refería a una fecha .... (anterior)
10. Me interesan mucho los pueblos .... de Latinoamérica. (indígena)
11. Estos zapatos me quedan demasiado .... (grande)
12. Elena parece muy .... , pero cuando la conoces mejor es muy .... (tímido, abierto)

4. Suchen Sie das Gegenteil. ★★

1. El clima de este país es muy <u>húmedo</u>. *seco*
2. Las calles del centro son bastante <u>ruidosas</u>. ....
3. La familia que vive en aquella casa es muy <u>rica</u>. ....
4. El hotel en el que nos alojamos* era muy <u>bonito</u>. ....
5. No me gustan las cosas <u>dulces</u>. ....
6. Vuestra calle es <u>ancha</u>. ....
7. El agua está <u>fría</u>. ....
8. Las vacaciones han sido muy <u>cortas</u>. ....
9. Hoy te veo más <u>triste</u> que el otro día. ....
10. Mi hermana es muy <u>perezosa</u>**. ....
11. Este sofá es realmente <u>cómodo</u>. ....

* **alojarse** unterkommen; ** **perezoso/a** faul

5. Ergänzen Sie folgende Sätze, indem Sie Vergleiche anstellen. ★★★

1. La leche es ... (sano) ... la limonada.
   La leche es más sana que la limonada.
2. Suiza es ... (grande) ... Alemania.
3. París es una de las ciudades ... (bonito) de Europa.
4. Para un alemán, el ruso es ... (difícil) ... el inglés.
5. Entre estos chicos no hay ninguna diferencia. El uno es ... (simpático) ... el otro.
6. Todos estos regalos son muy bonitos, pero el ... (bonito) de todos es el de mi padre.
7. Si yo fuera ... (perezoso) ... tú, no habría aprobado el examen.
8. De todas las ciudades que he visto, la ... (interesante) para mí es Nueva York.
9. Este método me ha ayudado mucho. Creo que es el ... (adecuado).
10. Este bolso es ... (barato) ... éste otro, pero de ... (malo) calidad.
11. Raúl es ... (inteligente) ... que su hermano.
12. Esta tarta de manzana está muy buena, pero las ... (bueno) tartas de manzana son las de la cafetería "El Sol".

6. Übersetzen Sie folgende Sätze. ★★★

1. Dein Wörterbuch ist gut, aber dieses hier ist besser.
2. Das war die schlimmste Situation unseres Lebens.
3. In dieser Stadt gibt es viele interessante Baudenkmäler.
4. Die jüngeren Geschwister haben oft mehr Rechte als die älteren.
5. In diesem Restaurant gibt es sehr gute Salate und Fischgerichte.
6. Man sagt, dass die besten Weine Spaniens aus La Rioja kommen.
7. Das ist eines der teuersten Geschäfte der Stadt.
8. Ana ist nicht so nett wie ihre Schwester.
9. Die Netteste von allen ist zweifellos Beatriz.
10. Meine Tante ist immer sehr großzügig.

7. Sie wollen ein Fest feiern. Folgende Artikel fehlen noch. Ergänzen Sie den Einkaufszettel mit der richtigen Form des angegebenen Adjektivs. ★★

– una docena de velas *rojas*	rojo
– dos manteles	blanco
– un paquete de servilletas	rojo
– media docena de sillas	plegable*
– diez botellas de vino	francés
– un kilo de peras muy	maduro
– un trozo de queso	manchego
– medio kilo de tomates .... para decorar	pequeño
– un bote de salsa	picante
– un poco de queso	fresco
– unas latas de aceitunas	negro
– un kilo de espárragos	verde

* **plegable** klappbar

11 Die Zahlen

1. Schreiben Sie die Zahlen aus. ★

1. — ¿Qué número de teléfono tiene usted, Sra. Alzate?
   — Mi número es el 089-762351.

   ……………………………………

2. — ¿Cuál es su fecha de nacimiento?
   — El 29 de junio de 1957.

   ……………………………………

3. — ¿Cuál es el código postal de su ciudad o pueblo?
   — Es el 66809.

   ……………………………………

4. — ¿Cuántos kilómetros hay de Madrid a Barcelona?
   — Hay 621 kilómetros.

   ……………………………………

5. — ¿Cuánto cuesta un pasaje de avión a Nueva York?
   — Unos 350 dólares.

   ……………………………………

6. — ¿Sabe cuántas páginas tiene este libro?

   — ……………………………………

2. Schreiben Sie aus. ★

1. 50 euros ……………………
2. 110 personas ……………………
3. 365 días ……………………
4. ½ kilo de manzanas ……………………
5. 121 bolsas de patatas ……………………
6. 507 dólares ……………………
7. el año 2001 ……………………
8. 100 años ……………………

3. Schreiben Sie die eingeklammerten Zahlen aus. ★★

1. Mis padres viven en el (1) piso y mis abuelos, en el (4). ....
2. Pamela lee por (3) vez el mismo libro. ....
3. Es la (9) edición de esa famosa novela. ....
4. En el restaurante:
   — ¿Qué va a tomar de (1)? ....
   — Un pastel de ave.
   — ¿Y de (2)? ....
   — Paella. ....
   — ¿Y para beber?
   — Una botella de agua mineral y (¼) de vino de la casa. ....

4. Übersetzen Sie. ★★★

1. — Wie spät ist es?
   — Es ist halb neun.

   ....

   ....

2. — Um wie viel Uhr kommst du?
   — Um Viertel nach drei.

   ....

   ....

3. — Wie alt bist du?
   — Ich bin sechsundzwanzig.

   ....

   ....

4. — Wie viel Grad haben wir heute?
   — Es ist sehr warm, wir haben heute 35 Grad.

   ....

   ....

12 Das Präsens

1. Ergänzen Sie den Text mit den entsprechenden Verben im Präsens. ★★

1. Mi amiga Susana *estudia* español y catalán, y junto con su amiga Silvia .... francés, ¿y tú qué lenguas .... ? (estudiar, estudiar, hablar)
2. — ¿Es suficiente si .... (yo) medio kilo de gambas para la cena? (comprar)

   — Bueno, si .... baratas ahora, ... (tú) comprar un kilo, porque no .... cuántas .... para la ensalada de arroz con gambas. (estar, poder, saber, necesitar)
3. ¿A qué hora .... el tren a Cuenca? (salir)
4. Sofía .... siempre con todo el mundo, nunca .... a aprender a tolerar las opiniones de los demás. (discutir, ir)
5. Necesito sellos, ¿puede decirme dónde los .... ? (vender)
6. (Nosotros) ahora .... en Granada, después .... a las playas de Málaga. (estar, ir)
7. ¿ .... (nosotras) una paella para las dos? (pedir)

2. Welche Verben sind im Präsens regelmäßig, welche nicht? Wo liegt die Unregelmäßigkeit? Ordnen Sie die Verben der richtigen Gruppe zu. ★★

leer ✔ abrir cerrar recordar entender andar revolver cenar decir vestirse jugar reírse dormir ducharse comprender pensar subir preferir servir mostrar pedir elegir levantarse aprender querer

regelmäßig *leer* ....

e → ie ....

o → ue ....

e → i ....

u → ue ....

3. Setzen Sie die Verben aus folgender Anrufbeantworter-Nachricht ins Präsens. ★★

Hola Ben, ... (ser) ① Ana; no .... (estar, tú) ② ahora en casa, no importa. Te .... ③ (llamar) porque hoy por la tarde .... (pasar) ④ por tu ciudad, ... (estar) ⑤ en el tren rumbo* a Berlín, después .... (seguir) ⑥ viaje a Varsovia; allí .... (tener) ⑦ un trabajito interesante: .... (ir) ⑧ a traducir un pequeño relato** al español. Te .... ⑨ (mandar) un beso, adiós.

4. Ergänzen Sie die Tabellen. ★

	hacer	poner	valer
yo	*hago*	....	....
tú	....	....	*vales*
él, ella, usted	....	....	....
nosotros, -as	....	....	....
vosotros, -as	*hacéis*	....	....
ellos, ellas	....	....	....
ustedes	....	*ponen*	....

	salir	decir	seguir
yo	....	....	*sigo*
tú	....	....	....
él, ella, usted	*sale*	....	....
nosotros, -as	....	*decimos*	....
vosotros, -as	....	....	....
ellos, ellas	....	....	....
ustedes	*salen*	....	....

* **el rumbo** die (Fahrt-)Richtung; ** **el relato** der Bericht, die Erzählung

5. Setzen Sie in den Singular. ★★

1. Queremos viajar a Guatemala el año próximo.
2. ¿Empezáis muy temprano a estudiar?
3. ¿Cuándo venís a ver mi nueva cocina?
4. Horario corrido*: no cerramos a mediodía.
5. ¿Os encontráis luego con Pepe y Alejandra?

6. Familie Pérez sitzt am Tisch und unterhält sich. Übersetzen Sie. ★★★

1. — Morgen hat Pilar Geburtstag. Gehen wir sie besuchen?

   — Gute Idee! Weißt du, dass ihre Kinder dieselbe Sprachschule besuchen wie unsere Kinder?

   — Ja, und sie können gut Deutsch sprechen.
2. — Santiago, möchtest du am Montag schwimmen gehen?

   — Leider kann ich nicht, ich muss in der Schule Flöte spielen.
3. — Pedro, wo ist der Papagei? Er ist nicht in seinem Käfig!

   — Schau mal, da oben sitzt er, auf dem Ast!

* **corrido/a** *auch* **continuado/a** *hier:* durchgehend

13 Das *Indefinido*

1. Ergänzen Sie die Tabelle. ★

	llamar	beber	salir	enviar
yo	…………	*bebí*	…………	…………
tú	…………	…………	…………	…………
él, ella, usted	*llamó*	…………	…………	…………
nosotros, -as	…………	…………	…………	…………
vosotros, -as	…………	…………	*salisteis*	…………
ellos, ellas, ustedes	…………	…………	…………	*enviaron*

2. Setzen Sie die *Indefinido*-Formen ein. ★★

1. — Mabel, ¿ ………… (traer) ayer sólo a Mónica en tu coche de la oficina?

   — Sí, Ana ………… (tener) que trabajar hasta tarde.

2. — Hace cinco años ………… (yo, estar) por primera vez en Madrid.

   — ¿Y no ………… (volver) nunca más?

   — No ………… (poder), pese a que ………… (vivir) durante diez años en Europa.

3. — Javier, anoche ………… (tú, llegar) muy tarde del trabajo.

   — Es que cuando ………… (nosotros, cerrar) la farmacia,

   ………… (ir) a buscar a Paula a la estación, el tren

   ………… (tener) retraso, y después ………… (tomar) unas copas en el bar de Manolo.

4. La cajera no nos ………… (dar) bien la vuelta ayer, tengo que reclamársela.

5. — A ver, Manolito, ¿cuándo ………… (descubrir) Colón América?

   — No sé, señorita, pero puede preguntarle a mi hermano, él lo ………… (estudiar) el año pasado.

6. — ¿No es bonita esta chaqueta?, la .... (comprar) ayer de oferta y .... (pagar) por ella sólo veinte euros.
   — ¿De verdad?, es muy bonita. Realmente .... (tener) suerte, ¿en qué tienda la .... (encontrar)?
7. — En la clase de español ayer .... (leer, nosotros) un artículo de "El País" *.
   — ¿Ah, sí? Lena y Tim me .... (contar) que ellos .... (leer) un reportaje de "El Mundo" *.

3. Ergänzen Sie mit dem *Indefinido*. ★★

— Pablo, ¿ .... (comprar) ① ayer las almejas** para la cena con los López?

— Bueno, en realidad sí, pero no las .... (traer) ②, porque al mediodía .... (comer, nosotros) ③ con Carlos en el restaurante cerca del mercado y .... (decidir, yo) ④ comprarlas allí después, pero como no me .... (gustar) ⑤, ... (buscar) ⑥ un supermercado para comprarlas congeladas, las .... (comprar) ⑦ y entonces ...

— Ya sé: ¡las .... (poner) ⑧ en el congelador de la oficina, y cuando .... (irse) ⑨ .... (quedarse) ⑩ allí!

— Sí, exacto, pero no es tan grave, porque también .... (olvidarse) ⑪ de decirte que Marisa López me .... (llamar) ⑫ por teléfono anoche para decirnos que no podían venir hoy, porque anteayer .... (estar) ⑬ en una fiesta, y Pedro, que .... (beber) ⑭ demasiado champán, ¡se encuentra fatal!

* **"El País" / "El Mundo"** zwei bekannte spanische Zeitungen; ** **la almeja** die Venusmuschel

4. Suchen Sie im Diagramm (waagerecht und senkrecht) acht unregelmäßige *Indefinido*-Formen und setzen Sie sie in die Lücken ein. ★★

T U V O S E E M R P S
R S B S E S A V F U U
A L F A S T Ñ H M S P
J T U R T U B I L I I
I C I H U V I Z K S S
M Ñ M L V I E O B T T
O N O S I E G Z U E E
S A S R E R Z I E I Y
A G V R R O G T V S B
V I N E H N Ñ A R K A

1. Manuel .... que trabajar ayer hasta las diez de la noche.
2. Beatriz y yo .... a Madrid la semana pasada y .... de allí un licor muy rico.
3. Ana y Joaquín .... en China hace unos meses.
4. Realmente, el verano pasado .... más calor que ahora.
5. Juan y Lucía, ¿dónde .... anoche los panecillos para el desayuno?
6. ¿ .... que Alejandra ganó un viaje a Italia en un concurso?
7. Anteanoche, después de mi clase, ... a verte, pero no te encontré.

5. Unterstreichen Sie die passende Form. ★★★

1. Ángela no *pudo/podía* venir a mi cumpleaños porque tenía gripe.
2. *Conocí/conocía* a mi mujer en 1990.
3. El año pasado *hemos estado/estuvimos* por primera vez en España.
4. Hace mucho que no *vemos/vimos* a mis hermanos.
5. Esta mañana *he ido/fui* al aeropuerto para buscar a Emilia.
6. ¿*Fuiste/ibas* el viernes por la noche al concierto?

6. Bringen Sie die Sätze in die richtige Reihenfolge. ★★★

① Cuando Alejandro López tenía veintiún años conoció a Patricia y se enamoró de ella. ② En México ganó mucho dinero. ③ y fueron muy felices. ④ Entonces se pelearon* y él decidió aceptar un puesto en una compañía de seguros en México. ⑤ Tuvieron cinco hijos … ⑥ Terminó sus estudios con éxito y quiso casarse con Patricia. ⑦ Alejandro López nació en Ávila en 1975. ⑧ Pero ella no quiso casarse. ⑨ A los seis años empezó a ir al colegio en Madrid. Después hizo el bachillerato y empezó a estudiar Económicas. ⑩ Después de cinco años en México volvió a Madrid, volvió a ver a Patricia y le preguntó si quería casarse con él. Ella dijo que sí y se casaron. ⑪ En 1977 se trasladó con sus padres a Madrid.

* **pelearse** sich streiten

14 Das Imperfekt

1. Ergänzen Sie die Tabelle. ★

	jugar	tener	escribir
yo	....	*tenía*	....
tú			*escribías*
él, ella	....	....	....
usted	....	....	....
nosotros, -as	....	....	....
vosotros, -as	*jugabais*	....	....
ellos, ellas	....	....	....
ustedes	....	....	....

2. Ergänzen Sie die Antworten. ★★

1. — ¿Fumas mucho?
   — Antes *fumaba* mucho, ahora no *fumo* nada.
2. — ¿Veis mucho la televisión?
   — Antes .... mucho la televisión, ahora no la .... nunca.
3. — ¿Van Juan y María a desayunar al bar?
   — Antes .... siempre, ahora no .... nunca.
4. — ¿Esa chica rubia es la novia de José?
   — Antes .... su novia, ahora .... la novia de Francisco.
5. — ¿Por qué ya no vais a bailar?
   — Porque ahora no nos gusta tanto como antes. Antes .... todos los días.

3. In diesem Brief befinden sich die drei einzigen Verben, die im Spanischen ein unregelmäßiges Imperfekt haben. Welche sind es? Finden Sie sie heraus, nennen Sie die Infinitive und konjugieren Sie sie. ★★

Madrid, 12 de agosto

Querido Nicolás:
Mientras estábamos en el Prado con mi familia, pensaba en ti. Luego en el café, me sentía un poco triste. La gente pasaba a mi lado y yo no la veía. Todos reían, hablaban, fumaban. Recordaba cuando íbamos juntos al mar. Después comíamos y bebíamos juntos. En esa época yo era feliz, ¿lo eras tú también?
Un beso de
María Clara

Verb im Infinitiv mit unregelmäßigem Imperfekt	....	....	....
yo	....	....	....
tú	....	....	....
él, ella	....	....	....
usted	....	....	....
nosotros, -as	....	....	....
vosotros, -as	....	....	....
ellos, ellas	....	....	....
ustedes	....	....	....

4. Bilden Sie Sätze und verwenden Sie dafür das Imperfekt. ★★

1. comer - helados - me - cuando - *(gustar)* - *(ser)* - niño
   Cuando era niño me gustaba comer helados.
2. cine - *(ir, nosotros)* - no - mucho - al - antes
   ....
3. *(quedarse)* - padres - en - mis - la - playa - siempre - verano - en
   ....
4. más - *(hacer)* - mis - gimnasia - que - antes - ahora - amigas
   ....

5. Vervollständigen Sie das folgende Interview mit einer Sängerin mit den Verben im Präsens, *Indefinido*, Perfekt und Imperfekt. ★★★

— Hola, María, ¿cuánto hace que .... (empezar, tú) ① a cantar?

— Bueno, en realidad yo .... (empezar) ② a cantar en fiestas familiares a los ocho años.

— ¿.......... (tomar) ③ lecciones de canto ya a esa edad?

— Verás, en verdad las primeras lecciones me las .... (dar) ④ mi madre.

— ¿Y cuándo .... (actuar) ⑤ por primera vez en público?

— A los 18 años y ¡.......... (tener) ⑥ mucho éxito!

— ¿.......... (tener) ⑦ alguna afición especial?

— Antes me .... (fascinar) ⑧ cocinar y comer, pero como .... (llegar) ⑨ a estar muy gorda, ahora .... (dedicarse) ⑩ a la pintura y al deporte.

— Hace un momento nos .... (comentar) ⑪ que .... (ir) ⑫ a viajar a Cuba.

— Sí, ya .... (estar) ⑬ allí el año pasado, me .... (gustar) ⑭ muchísimo, y .... (ir) ⑮ a regresar muy pronto.

— ¡Te .... (desear, nosotros) ⑯ mucha suerte y hasta pronto!

6. Ergänzen Sie. ★★★

Cuando llegó (llegar) ① la policía, José María todavía ……… (gritar) ② y ……… (tener) ③ los ojos muy abiertos y desorbitados. Después, lentamente, ……… (empezar) ④ a contar lo que ……… (pasar) ⑤: ……… (salir) ⑥ de su casa como siempre a las nueve de la noche y ……… (ir) ⑦ a la fábrica para cumplir su horario como sereno. Esa noche ……… (llover) ⑧ y ……… (hacer) ⑨ frío. ……… (llegar) ⑩, ……… (abrir) ⑪ la puerta de su pequeña casilla y ……… (observar) ⑫ si todo ……… (estar) ⑬ en orden, ……… (prepararse) ⑭ un café, ……… (ponerse) ⑮ su ropa de trabajo y ……… (desear) ⑯ poder pasar la noche sin problemas. Las primeras horas no ……… (pasar) ⑰ nunca. Después de tres o cuatro horas ……… (tomar) ⑱ otro café y, como ……… (tener) ⑲ hambre, ……… (comer) ⑳ un bocadillo. De repente, ……… (escuchar) ㉑ un ruido. ……… (levantarse) ㉒, ……… (mirar) ㉓ por la ventana, pero no ……… (ver) ㉔ a nadie. Entonces ……… (abrir) ㉕ la puerta y ……… (ver) ㉖ que delante suyo ……… (haber) ㉗ un extraño ser con dos luces rojas en lugar de ojos, que ……… (llevar) ㉘ un traje verde brillante y que, sin decir nada, ……… (querer) ㉙ abrazarlo y besarlo; y él ……… (asustarse) ㉚ tanto, que lo único que ……… (lograr) ㉛ hacer ……… (ser) ㉜ pulsar la alarma y gritar. Los policías no ……… (poder) ㉝ explicar el caso, ya que todo ……… (estar) ㉞ en orden, y no ……… (encontrar) ㉟ a nadie, ni cerca, ni lejos de allí.

15 Das Futur

1. Ergänzen Sie die Tabelle. ★

	tomar	beber	abrir
yo	tomaré		
tú			
él, ella, usted			
nosotros, -as			
vosotros, -as			abriréis
ellos, ellas, ustedes		beberán	

2. Suchen Sie im Diagramm (waagerecht und senkrecht) sechs unregelmäßige Futurformen. Setzen Sie diese dann in die Lücken ein. ★★

```
P O N D R E M O S N
O S B S M S A V F S
D L H A Q U S D M T
R T A R U T B I L E
E C R H E E I R K N
I B A K R T U A E D
S N N S R E G S U R
W A S R E O Z I E A
A G V R L U G T V S
H A V R E U B X Y Ñ
```

1. Dentro de dos semanas Mari y Eliseo .... una fiesta.
2. Eugenia y yo nos .... nuestros vestidos nuevos.
3. .... (tú) que ir a ver a tu madre: está enferma.
4. Otra vez llegas tarde, como siempre .... que había atascos.
5. Siempre te ...., amor mío.
6. Nos vamos por una semana, niños: ¿........................ darle la comida al gato?

3. Setzen Sie die Verben ins Futur. ★★

Bilbao, 14 de setiembre

Querida Susana:

Dentro de un mes .... (tener, nosotros) ① vacaciones. ¡Por fin .... (poder) ② hacer nuestro viaje a América Latina! .... (salir) ③ alrededor del 20 de octubre. .... (ir) ④ primero a México. Allí .... (hacer) ⑤ muchas excursiones. Después .... (seguir) ⑥ a Guatemala, ... (pasar) ⑦ también por Nicaragua y allí .... (saber) ⑧ si nuestra amiga Amalia, que vive en Bogotá, ... (poder) ⑨ encontrarse con nosotros. Nuestro viaje .... (continuar) ⑩ hasta Perú, y de allí .... (regresar) ⑪ a casa. ¿........................ (venir, tú) ⑫ a visitarnos antes de nuestra partida?, hasta el 19 de octubre .... (estar) ⑬ en casa. .... (ser) ⑭ un gusto verte de nuevo.

Un abrazo,

Martina

4. Übersetzen Sie. ★★★

1. — Um wie viel Uhr werden die Gäste wohl kommen?
   — Sie werden so um 16 Uhr hier sein.
2. — Glaubst du, dass es heute regnen wird?
   — Ja, heute regnet es vermutlich.
3. — Weiß er schon, dass sie jetzt einen anderen hat?
   — Er wird es sicherlich schon wissen.

16 Das *Condicional*

1. Ergänzen Sie die Tabelle. ★

	dar	ver	abrir
yo	*daría*		
tú			*abrirías*
él, ella, usted			
nosotros, -as		*veríamos*	
vosotros, -as			
ellos, ellas, ustedes			

2. Suchen Sie im Diagramm (waagerecht und senkrecht) fünf unregelmäßige *Condicional*-Formen. Setzen Sie diese dann in die Lücken ein. ★★

P O N D R I A Ñ V Q
O S B S M N A V F T
D L K A S V S D M E
R T J R X O B I L N
I C B H K T I R K D
A B H K R A U I E R
M N A S T R G A U I
O A R R P R Z U E A
S G I R L A G T V I
Y Z A B P I A Z D S

1. .... viajar juntos a Sevilla, ¿qué te parece?
2. Yo no .... esas flores en ese jarrón.
3. Creo que un viaje le .... muy bien a Luisa, últimamente está muy nerviosa.
4. .... que venir temprano si queréis comer antes de ir al teatro.
5. Abuelita, nadie .... que tienes 73 años, estás muy guapa y muy joven.

3. Setzen Sie das *Condicional* ein. ★★

1. Me .... (gustar) viajar a Ecuador el año próximo.
2. Me comentaron que .... (bajar) el precio de los billetes de tren.
3. Me duele una muela, señorita, ¿me .... (dar) hora para mañana?
4. — ¿Había mucha gente en la exposición?

   — Pues, muchísima, ... (haber) unas cien personas por lo menos.
5. El humo me molesta mucho, ¿ .... (poder, usted) dejar de fumar, por favor?

4. Ordnen Sie zu. ★★

1. — ¿A qué hora llegó Gloria?
2. Tenemos mucho frío.
3. — Estoy muy cansada.
4. La cena está lista.
5. Adoro a mi perro.
6. ¡Qué pastel tan delicioso!
7. Juan conduce muy rápido.
8. Estas paredes están muy sucias.

a ¿Irías en su coche?
b ¿Podríais poner la mesa?
c ¿Podrías subir la calefacción?
d ¡Me lo comería todo!
e — Deberías dormir un rato.
f Tendrías que pintarlas.
g — No sé, serían las dos de la tarde.
h Nunca lo abandonaría.

5. Übersetzen Sie. ★★★

1. — Würdest du nicht gerne aufhören zu rauchen?

   ....

   — Ja, ich würde gerne, aber ich kann es nicht.

   ....
2. — Ich würde sehr gerne Tortilla essen, aber noch lieber würde ich einen Salat zubereiten, denn der hat keine Kalorien.

   ....

   ....

17 Das Perfekt

1. Bilden Sie Sätze. ★★

1. coche - a - has - ? - ¿ - tu - Pablo - vendido - ya - le

   ¿Ya le has vendido tu coche a Pablo?
2. en - hemos - comido - el - Daniel - restaurante - de - hoy

   ....
3. comprendido - de - no - teatro - la - he - obra

   ....
4. esta - enferma - semana - ha - Mónica - muy - estado

   ....
5. han - alemán - al - José - traducido - y - el - texto - Pedro

   ....

2. Ergänzen Sie die Perfekt-Formen. ★★

1. — ¿ Has hecho (hacer, tú) algo especial esta mañana?

   — Pues lo de siempre: .... (levantarse) a las siete, ... (ducharse), ... (bañar) a los niños, ... (vestirse), ... (desayunar, nosotros) un café con tostadas y mantequilla, ... (llevar, yo) a los niños al colegio y finalmente .... (ir) a mi trabajo.
2. — ¡No .... (poder, yo) comprar las chuletas* de cordero para la cena!

   — No te preocupes, Elsa ya las .... (comprar) esta mañana.
3. — Mariana .... (volver) esta semana de su viaje, aunque tenía planeado volver la semana próxima.

   — Sí, lo sé porque .... (hablar, yo) hace un rato con su hermana y ella me lo .... (decir).

* **la chuleta** das Kotelett

3. Suchen Sie im Diagramm acht unregelmäßige Partizipien. Setzen Sie diese dann in die Lücken ein. ★★

E S C R I T O B H N A
E S B S E N A U E S B
R L R A X B P U C S I
N T O R V D U E H N E
S Ñ T H I M E T O R R
V W O L S S S N Ñ E T
Ñ E B L T I T Z U V O
D I C H O F O N E I N
B W Q H Z V Q E Y A M
D E S C U B I E R T O

1. Graciela ha .... una postal a sus abuelos.
2. Hemos .... nuestras buenas relaciones con los vecinos.
3. ¿Has .... ya el nuevo supermercado en la ciudad?
4. ¿Quién ha .... sus gafas en la silla?
5. ¿Todavía no habéis .... el regalo que envió Susana?
6. Me han .... que los López se van de vacaciones a Japón.
7. Los niños no han .... sus tareas todavía.
8. Todavía no se ha .... al autor del crimen.

4. Vervollständigen Sie den Dialog mit den Verben im Präsens und Perfekt. ★★

— Dime, Carmen, tú llegas (llegar) ① siempre puntual a la oficina, ¿a qué hora .... (salir) ② de tu casa?

— Pues mira, hoy .... (salir) ③ a las siete para no tener problemas de tráfico, porque a esa hora la gente no .... (conducir) ④ con mucha prisa, no se .... (producir) ⑤ atascos, y por lo tanto, no me .... (poner) ⑥ nerviosa.

— Te .... (contar) ⑦ que hoy .... (venir) ⑧ en bicicleta, y .... (llegar) ⑨ más pronto que en coche.

— Susana, ¡me .... (dar) ⑩ una gran idea!, ... (ir) ⑪ a comprarme una y así .... (poder) ⑫ venir juntas a la oficina, porque me .... (encantar) ⑬ montar en bicicleta y, de paso, me .... (mover) ⑭ y .... (hacer) ⑮ deporte.

5. Ordnen Sie zu und ergänzen Sie die Sätze in der linken Spalte. ★★

1. ¿Has estado .... en Sudamérica?
2. ¿A qué hora te has levantado .... ?
3. ¿Habéis visto .... la última película de Almodóvar?
4. ¿Qué hicisteis .... ?, ¿fuisteis por fin al campo?
5. .... hacía más deporte que ahora.
6. Cuando éramos pequeños, íbamos .... de de vacaciones a la playa.
7. .... no hemos podido hablar con Antonio. No está nunca en casa.
8. .... fui por primera vez a España.

a) hoy
b) alguna vez
c) siempre
d) ya
e) antes
f) todavía
g) ayer
h) en 1980

6. Übersetzen Sie. ★★★

— Hast du schon den Kaffee gekocht?

....

— Nein, ich habe noch keine Zeit gehabt.

....

— Ich werde ihn jetzt kochen, wo hast du die Kaffekanne hingestellt?

....

— Es tut mir leid, ich habe sie nicht gesehen.

....

18 Das Plusquamperfekt

1. Bilden Sie Sätze. ★★

1. habían - Paco - en - conocido - y - fiesta - Ana - una - se
   Paco y Ana se habían conocido en una fiesta.
2. que - me - Cádiz- mostró - comprado - había - en - Eva - lo
   ....
3. ya - comer - a - ido - pero - invitarte - te - habías - quise
   ....
4. cerrado - cuando - habían - llegué - ya
   ....
5. hoy - excursión - habíais - una - planeado - para - ¿? - no
   ....

2. *Indefinido*, Imperfekt oder Plusquamperfekt? Setzen Sie die richtige Zeit ein. ★★★

1. Cuando Pepito .... (conseguir) su primer trabajo, aún no .... (cumplir) dieciocho años.
2. La arena .... (estar) muy mojada porque .... (llovido) mucho por la noche.
3. .... (decidir, nosotros) no salir en coche porque ya .... (empezar) a nevar.
4. No .... (poder, yo) recordar dónde .... (ver) antes a esa mujer tan interesante.
5. Cuando te .... (llamar, yo), me .... (decir, ellos) que ya te .... (ir) de vacaciones.
6. Las setas* que .... (coger, ellos) en el bosque .... (ser) venenosas**.

* **la seta** der Pilz; ** **venenoso/a** giftig

19 Das Futur II

1. Ergänzen Sie die Sätze mit dem Futur II. ★★

1. Tú *habrás comido* (comer) antes de venir, pero yo todavía no he tenido tiempo.
2. ¿ .... (pagar, ellos) ya todas las deudas atrasadas*?
3. — ¿Dónde .... (esconderse**) los niños? Hace una hora que los busco.
   — Seguramente .... (irse) a jugar a casa de María.
4. — Ya son las doce, Felipe escribió que llegaría a las once y todavía no está aquí, ¿qué .... (pasar)?
   — No te preocupes, seguramente el avión .... (tener) demora***.
5. — No me puedo explicar por qué no han llamado mis padres desde Palma.
   — No te preocupes, no .... (tener) tiempo.

2. Setzen Sie nach dem Beispiel um. ★★

1. ¿Ha escrito la carta a su madre?
   Sí, probablemente ya la habrá escrito.
2. ¿Sabes si Sofía ha llegado a tiempo a la estación?
   ....
3. ¿Han comenzado ya las rebajas de verano?
   ....
4. ¿Ha conseguido Amalia la beca para estudiar en Francia?
   ....
5. ¿Han vuelto ya los Pérez de las vacaciones?
   ....

* **atrasado/a** ausstehend; ** **esconderse** sich verstecken; *** **la demora** *auch:* **el retraso** die Verspätung

20 Das *Condicional Perfecto*

1. Ergänzen Sie die Sätze mit dem *Condicional Perfecto*. ★★

1. — Hace una semana que Paula salió de viaje y no sé nada de ella.
   — Seguramente está bien; si no, te habría llamado (llamar).
2. Te .... (llevar, ellos) a casa, pero tú nunca vas en coche.
3. ¿Es verdad que .... (empezar, tú) a trabajar para ayudar a tu familia?
4. Te .... (esperar, nosotros) para comer, pero no sabíamos a qué hora venías.
5. Nos .... (gustar) comprar esa casa, pero ya estaba vendida.
6. Si me hubieras avisado, ... (ir, yo) a recogerte*.

2. Wie lautet die Fortsetzung? ★★

1. Lo vi muy mal, por eso lo invité a comer, ...
2. Nos habría encantado ir a Lima, ...
3. Empezó a llover muy fuerte; si no, ...
4. No tenía huevos; si no, ...
5. El mecánico dijo que antes del lunes ....
6. Ayer no reconocí a Ana en la calle; si no, la ....
7. ¿Te habría gustado ....

habría reparado el coche. | habría saludado.
habría preparado un flan**. | pero no teníamos dinero.
ver a Lucía antes de que volviera a Buenos Aires?
¿qué habrías hecho tú en mi lugar? | habría ido a pie.

* **recoger** abholen; ** **el flan** der Karamellpudding

21 Der *Subjuntivo*

1. Setzen Sie die entsprechenden Formen des *Subjuntivo* ein. ★★

1. Quiero que me acompañes (acompañar, tú) al hospital.
2. No me gusta que .... (hablar, vosotros) mal de ellos.
3. ¿Te extraña que .... (comportarse, él) de esta manera?
4. Les recomendamos que .... (decidirse) lo antes posible.
5. Mis padres no me permiten que .... (volver) tarde.
6. Os ruego que me .... (escuchar).
7. Te deseamos que .... (tener) mucho éxito en tu nuevo puesto de subdirector.
8. Tiene miedo de que le .... (despedir).
9. Te ruego que me .... (hacer) caso.
10. Les molesta que los vecinos .... (ser) tan ruidosos.

2. Paloma ist schlecht gelaunt und listet alles auf, was ihr an ihren Eltern und Geschwistern nicht gefällt. Setzen Sie die Verben in die entsprechende *Subjuntivo*-Form. ★★

1. No me gusta que siempre me .... (criticar, vosotros) por todo lo que hago.
2. No soporto que .... (poner, vosotros) la música tan alta cuando tengo que estudiar.
3. Me molesta que .... (meterse, vosotros) en mi habitación cuando yo no estoy.
4. Me saca de quicio* que Bárbara .... (dejar) dormir al gato en mi cama.
5. Me fastidia** que Javier .... (coger) mis libros sin preguntarme antes.
6. Me parece injusto que mamá me .... (prohibir) cosas que Bárbara y Javier pueden hacer tranquilamente.
7. No quiero que Bárbara .... (ponerse) mi ropa.

* **me saca de quicio** es geht mir auf die Nerven; ** **fastidiar** ärgern, stören

3. Setzen Sie die entsprechenden Formen des *Subjuntivo* ein. ★★

1. Es importante que .... (asistir, tú) a clase regularmente.
2. No creo que les .... (gustar) lo que les he dicho.
3. No será fácil que la .... (convencer, vosotros).
4. ¿Conoces algún restaurante en esta zona donde se .... (poder) comer tranquilamente?
5. Es increíble que .... (seguir, ellos) viviendo en esta casa después de lo que pasó.
6. Nuestros amigos quieren una casa que .... (tener) por lo menos cinco habitaciones.
7. Puede ser que Pedro ya .... (estar) de vacaciones.
8. Es lógico que no te .... (salir) bien* las cosas con lo apurada** que estás.
9. No digo que esta tarea .... (ser) fácil de realizar.
10. ¡Ojalá*** .... (tener, vosotros) más suerte con los nuevos inquilinos****!

4. Ergänzen Sie die folgenden Zeitungsanzeigen. ★★

hablar ruso   dar clases de guitarra   ser flexible ✔   saber cocinar   tener coche   conocer Escandinavia   saber español

1. Restaurante busca camarero que *sea flexible*.
2. El Colegio Alemán de Quito busca profesores de alemán que ....
3. Familia joven con dos niños pequeños busca asistenta que ....
4. Empresa de artículos del hogar***** busca colaborador que ....
5. Agencia de viajes busca guía que ....
6. Empresa de exportación con relaciones comerciales con toda la Europa del Este busca secretaria que ....
7. Estudiante de música busca profesor que ....

* **salir bien** gelingen; ** **apurado/a** in Eile; *** **ojalá** hoffentlich; **** **el inquilino / la inquilina** der/die Mieter/in; ***** **los artículos del hogar** Haushaltsgeräte

5. Suchen Sie die passenden Kombinationen. ★★

1. Si no estuviera enferma, ☐
2. Si me tocara la lotería, ☐
3. Si hubieras terminado los estudios, ☐
4. Si no hubieras bebido tanto, ☐
5. Si no lloviera, ☐
6. Si no estuvieras tan nervioso, ☐
7. Si la conociésemos mejor, ☐
8. Si no lo hubiésemos visto con nuestros propios ojos, ☐
9. Si nos ayudaras un poco, ☐

a) no te dolería la cabeza ahora.
b) dejaría de trabajar.
c) sería más fácil hablar contigo.
d) terminaríamos antes.
e) tendrías más posibilidades de encontrar un puesto.
f) no nos lo creeríamos.
g) le hablaríamos con más franqueza.
h) iría a la fiesta.
i) podríamos ir a dar un paseo.

6. *Subjuntivo* oder Indikativ? ★★★

1. Cuando .... (estar, yo) en Galicia, voy a pescar todos los días.
2. Te enseño la carta para que me .... (creer).
3. Tendrán que esperar con la boda hasta que la madre de Isabel .... (recuperarse) un poco.
4. Mientras no .... (terminar, vosotros) de comer, no vais a salir.
5. Nos vemos mañana, a no ser que .... (cambiar, vosotros) vuestros planes.
6. Antes de que .... (irse, tú), por favor, vuelve a poner las cosas en su sitio.
7. Carlos siempre me pide dinero aunque .... (saber) que no se lo voy a dar.

7. Setzen Sie die fehlenden Verben in den richtigen Modus. ★★★

Como te digo, a Juan últimamente lo veo bastante deprimido. Parece que .... (tener) ① algún problema. No me atrevo* a preguntarle, porque, con el carácter que tiene, es posible que .... (reaccionar) ② bruscamente. No es una persona muy extrovertida y no le ha gustado nunca que se le .... (hacer) ③ preguntas demasiado personales. Creo que esta vez .... (ser) ④ algo bastante serio, aunque por otra parte tampoco me puedo imaginar que .... (tratarse) ⑤ de algo realmente dramático, porque, al fin y al cabo, sale como siempre y tampoco falta al trabajo. Quizás .... (conseguir) ⑥ saber algo por su hermana. Ella es más abierta, y no creo que no me lo .... (decir) ⑦ si le pregunto. Sabe que su hermano .... (ser) ⑧ una persona bastante problemática, aunque no lo .... (admitir) ⑨. Bien, voy a hacer un intento y si .... (hacerse) ⑩ la misteriosa, ¡que .... (arreglárselas) ⑪ ella sola!

8. Setzen Sie die entsprechenden Formen des *Subjuntivo* ein. ★★

1. Me sorprendió que todos .... (estar) de acuerdo con la propuesta de Daniel.
2. No suponíamos que este hotel .... (ser) tan agradable.
3. Ana nos pidió que .... (ocuparse) del gato mientras ella .... (estar) de viaje.
4. Se lo dije bien claramente para que .... (darse, ellos) cuenta de la dimensión del problema.
5. Nuestros hijos se quejaron de que .... (tener, nosotros) tan poca confianza en ellos.
6. Las lluvias constantes hicieron que .... (estropearse**) buena parte de la cosecha de trigo***.

* **atreverse** sich trauen; ** **estropearse** verderben, kaputtgehen; *** **la cosecha de trigo** die Weizenernte

7. Juan Carlos insistió en que .... (ir, nosotros) a su casa.
8. El jefe prohibió a todos los empleados que .... (salir) de la oficina antes de terminar el trabajo.
9. Preferiría que no me .... (acompañar, él) a la fiesta.
10. El hermano de Marisa nos recomendó que .... (contratar*) una empresa que .... (estar) especializada en esa clase de trabajos.
11. Nos molestó bastante que nos .... (dejar, ellos) solos con todo el desorden.

9. Sie sind unzufrieden mit dem Verhalten Ihrer Mitbewohnerin und teilen ihr das mit. Setzen Sie die eingeklammerten Verben in die richtige Form. ★★

1. Me gustaría que *respetaras* (respetar) más mis cosas.
2. Querría que tú también .... (dirigirse) al dueño del piso cuando surge algún problema.
3. Preferiría que no .... (invitar) siempre a tanta gente.
4. Me parecería normal que .... (compartir, nosotras) los gastos cuando se rompe algo.
5. Preferiría que no .... (utilizar) mi habitación cuando yo no estoy.
6. Me gustaría que .... (ocuparse) un poco de las plantas aunque no son tuyas.
7. Querría que .... (participar) más en las tareas de la casa.
8. Me gustaría que .... (limpiar) la bañera después de haberla utilizado.
9. Te agradecería mucho que .... (hacer) menos ruido cuando vuelves tarde.
10. Y por último, te agradecería infinitamente que no .... (poner) esa cara por la mañana.

* **contratar** beauftragen

10. *Subjuntivo* oder Indikativ? ★★★

1. Siempre tuvimos la esperanza de que .... (volver, ellos) algún día.
2. No dudo de que .... (tener, vosotros) razón.
3. Elena se siente tan ágil como cuando .... (tener) veinte años.
4. Después de que .... (pasar) la tormenta, recogeremos todas las cosas en el jardín.
5. Era sorprendente que los niños .... (portarse) tan bien durante la cena.
6. Ayer vi a Clara y me pareció que .... (estar) bastante preocupada.
7. No digo que .... (haber hablado, ellos) mal de ti.
8. Es cierto que en esta ciudad se .... (vivir) muy bien.
9. Espero que .... (darse, tú) cuenta de que las cosas no .... (poder) seguir así.
10. Carmela quiere que su marido .... (levantarse) también cuando .... (llorar) el bebé.

11. Setzen Sie folgende Sätze in die Vergangenheit. ★★

1. No quiero que te vayas.
   No quería que te fueras.
2. Buscan una casa que tenga jardín y que esté en un barrio tranquilo.
   ....
3. Os pido que me ayudéis un poco más.
   ....
4. Nos recomiendan que resolvamos el asunto antes de que haya consecuencias graves.
   ....
   ....

5. Me extraña que tus amigos gasten tanto dinero en un coche.

6. Ana necesita que la escuchen.

7. Mi padre no cree que lleguemos a Italia con este coche.

8. Es raro que con el calor que hace haya tan poca gente en la playa.

9. A Elena le molesta que sus hijos le hablen en ese tono.

10. No me parece bien que faltes tanto a clase.

11. Nos alegramos mucho de que te ofrezcan un puesto tan interesante.

12. No creo que sea tan fácil reunir a tanta gente en el plazo de dos días.

12. Setzen Sie folgende Bedingungssätze in die irreale Form. ★★

1. Si no lo sabes, te lo digo.
   Si no lo supieras, te lo diría.
2. Si compras un coche así, te ahorras* muchos problemas.

3. Si fumas menos, se te quitará esa tos.

4. Si la ayudáis un poco, terminará más rápido.

5. Si los niños no tienen clase mañana, podemos salir antes.

6. Si no hace frío, podemos cenar en la terraza.

7. Si no os atrevéis a decírselo, será peor.

* **ahorrarse** sich ersparen

8. Si estás seguro, ya puedes ponerte a trabajar.

9. Si Alfonso acepta tu propuesta, daréis un buen paso*.

10. Si las cosas siguen así, podemos dar por terminado** el asunto.

13. Übersetzen Sie. ★★★

1. Ich will nicht, dass ihr mit ihm über diese Angelegenheit redet.

2. Die Gastgeber bedauerten sehr, dass du nicht kommen konntest.

3. Du musst dich entscheiden, bevor es zu spät ist.

4. Auch wenn ich noch ein Zimmer gefunden hätte, wäre ich nicht in diesem Ort geblieben.

5. Ruf mich an, wenn du angekommen bist.

6. Wenn der Zug noch fünf Minuten später gekommen wäre, hätten wir das Flugzeug verpasst.

7. Hoffentlich kannst du ihm helfen.

8. Es missfällt uns, dass Jorge sich verhält, als hätte er mit dieser Sache überhaupt nichts zu tun.

9. Es war besser, dass sie gingen.

10. Sie befürchteten, dass ihre Kinder sich um nichts kümmern, während sie in Urlaub sind.

* **dar un buen paso** einen großen Schritt tun; ** **dar por terminado** beenden

22 Der Imperativ

1. Bilden Sie die 2. Person Singular und die 2. Person Plural des bejahten Imperativs. ★

comer	¡Come!	¡Comed!
venir		
escribir		
descansar		
jugar		
salir		
correr		
dormir		
trabajar		
decir		
poner		
escuchar		
recoger		

2. Bilden Sie den verneinten Imperativ. ★

¡Sube!	¡No subas!
¡Seguid!	
¡Coma!	
¡Dormid!	
¡Habla!	
¡Miren!	
¡Vuelve!	
¡Traduce!	
¡Traiga!	

3. Sie wollen einer Freundin Ratschläge für ein gut funktionierendes Zusammenleben mit ihrem Partner erteilen. Setzen Sie die unterstrichenen Verben in die entsprechende Imperativform. ★★

1. Respetar la personalidad de tu marido.
   Respeta la personalidad de tu marido.
2. No compararlo nunca con otros.
3. Consultar con él todas las decisiones que quieras tomar.
4. Escucharle cuando te habla.
5. No impacientarte cuando tarda un poco en hacer las tareas de la casa.
6. Hacerle pequeños regalos de vez en cuando.
7. Intentar mantener la calma cuando discutas con él.
8. No exigirle algo que tú misma no estés dispuesta a cumplir.
9. No ponerte de mal humor cuando vuestros planes no coinciden.
10. Tomarte un poco de tiempo de vez en cuando para ir al cine o al teatro.
11. No criticarle nunca delante de otros.
12. Darle de vez en cuando la razón, aunque no la lleve.
13. Dejarle ver el fútbol de vez en cuando sin protestar y sin poner mala cara.
14. Ser independiente.
15. Recordar que nadie es perfecto.

4. Setzen Sie die folgenden Verben in die entsprechende Imperativform. ★★

abrir esperar lavarse probar llevar decir colgar recoger leer poner

1. ¡ .... (tú) el vino a la mesa, por favor!
2. ¡ .... (tú) bien las manos antes de comer!
3. ¡ .... (ustedes) el cuadro en una pared más ancha!
4. ¡No .... (tú) la vajilla en la mesa sucia!
5. ¡ .... vuestras cosas, tenemos que irnos!
6. ¡ .... (usted) este libro, es muy apasionante!
7. ¡ .... (vosotros) la ventana!, hace muchísimo calor aquí.
8. ¡No le .... (tú) lo que pasó!
9. ¡ .... (ustedes) esta paella, está exquisita!
10. ¡No .... (vosotros) hasta que sea demasiado tarde!

5. Marta und Jorge haben von ihren Eltern folgende Anweisungen für die Zeit von deren Abwesenheit bekommen. Setzen Sie die entsprechenden Imperativformen ein. ★★

1. .... (regar) las flores cada tres días.
2. No .... (dejar) la puerta de casa sin cerrar cuando os vayáis.
3. No .... (olvidarse) de dar de comer al gato.
4. .... (llamar) a la abuela por lo menos dos veces por semana.
5. .... (comer) primero las cosas que están en la nevera antes de comprar más.
6. No .... (tocar) los vinos caros de la bodega.
7. No .... (despilfarrar*) el dinero que os hemos dejado.
8. .... (apuntar) las llamadas que son para nosotros.
9. No .... (poner) la música demasiado alta.
10. No .... (ir) todas las noches a la discoteca.

* **despilfarrar** verschwenden

6. Bilden Sie den bejahten Imperativ. ★★

1. ¡No lo rompas! ¡Rómpelo!
2. ¡No os vayáis! ....
3. ¡No se levanten! ....
4. ¡No vengas! ....
5. ¡No lo hagáis! ....
6. ¡No me lo traiga! ....
7. ¡No se atreva! ....
8. ¡No salgas! ....
9. ¡No os sentéis! ....
10. ¡No se den prisa! ....
11. ¡No se rían! ....
12. ¡No gritéis! ....

7. Setzen Sie folgende Verben in die 2. Person Singular (*tú*) und die 2. Person Plural (*vosotros*) des bejahten und des verneinten Imperativs. ★★

levantarse

¡Levántate! ¡Levantaos! ¡No te levantes! ¡No os levantéis!

vestirse

....

esconderse*

....

dormirse

....

olvidarse

....

reírse

....

* **esconderse** sich verstecken

sentarse

....

volverse

....

despertarse

....

divertirse

....

8. Bilden Sie die Imperativform und ersetzen Sie die unterstrichenen Wörter durch die entsprechenden Pronomen. ★★★

1. dar el libro a Carmen (tú) ¡Dáselo!
2. mandar el paquete a Pedro y Ramón (usted) ....
3. poner la mesa (tú) ....
4. hacer los deberes (tú) ....
5. devolver el dinero a Eva (ustedes) ....
6. preguntar al profesor (vosotros) ....
7. vender la casa (usted) ....
8. prestar el coche a Marcos (tú) ....
9. contestar a la señora (vosotros) ....
10. pedir la llave al portero (usted) ....
11. tener al perro atado* (tú) ....
12. preguntar al guardia (ustedes) ....
13. no tocar la comida con las manos (vosotros) ....
14. no invitar a Mario (tú) ....
15. no decir a Elena lo que te he contado (tú) ....

* **atado/a** angeleint

23 Der Infinitiv

1. Ersetzen Sie die unterstrichenen Wörter durch eine Infinitivkonstruktion. ★★

1. Cuando salía de la estación, vi pasar a tu hermana.
   Al salir de la estación, vi pasar a tu hermana.
2. Esto le pasa porque es tan testaruda*.
3. Si llegamos antes del anochecer, seguramente encontraremos todavía una habitación.
4. Antes de que nos vayamos de vacaciones, tendremos que arreglar todavía un asunto importante.
5. Si tuviera ese dinero, te lo prestaría con mucho gusto.
6. No te lo dijimos porque no queríamos asustarte.
7. Cuando pasamos por delante de la casa de Mercedes siempre nos paramos un rato para mirar las flores del balcón.
8. Después de que terminemos de comer, me vas a echar una mano** para tender la ropa.
9. Carlos siempre está dispuesto a ayudarnos aunque tiene muy poco tiempo.
10. Si te hubieras dado prisa, habrías llegado a tiempo.

* **testarudo/a** stur; ** **echar una mano** zur Hand gehen, helfen

2. Setzen Sie die folgenden Verben in der entsprechenden Person, Zeit und im richtigen Modus ein. ★★

empezar a   echarse a   dejar de   volver a   acabar de ✔   ir a
terminar por   llegar a

1. ¿Por qué no se lo dices de una vez? – Pero, ¡si acabo de decírselo!
2. Si .... (tú) a molestar al gato, me voy a enfadar.
3. Patricia insistió tanto, que .... (yo) acompañarla al teatro.
4. Nunca .... (yo) explicarme por qué mi abuela se ponía así cuando le hablaban de aquella prima suya.
5. Nos asustamos un poco cuando Elsa de repente .... reír de una manera tan histérica.
6. Juan todavía está en casa, pero .... salir dentro de veinte minutos.
7. ¡ .... (tú) hacerte el tonto!
8. Los invitados llegarán a las ocho. Pero a las seis, podríamos .... preparar la cena.

3. *Tener que* oder *deber de*? ★★

1. Me extraña que a su edad siga trabajando. .... tener por lo menos setenta años.
2. Victoria saludó a la nueva colega con mucha familiaridad. .... conocerla.
3. .... (tú) decirle la verdad a tu hermano.
4. En la fiesta, Eva y Carmen ni se miraban. .... haberse peleado.
5. .... prometernos que vais a estudiar un poco más.
6. .... (yo) reconocer que le debo mucho a esta mujer.
7. .... (nosotros) interrumpir la reunión cuando se produjo el incidente con el jefe.

24 Das *Gerundio*

1. Bilden Sie mit *estar* + *Gerundio* um. ★

comes	*estás comiendo*	vives	....
estudian	....	cae	....
duerme	....	empezáis	....
termino	....	vuelvo	....
leéis	....	escriben	....
hablamos	....	eligen	....
corrige	....	construyes	....
ayudan	....	hago	....

2. Setzen Sie die eingeklammerten Verben in die *Gerundio*-Form. ★

1. El señor Ministro está .... (hablar) por teléfono.
2. Seguid .... (estudiar).
3. De momento estamos .... (celebrar) una fiesta.
4. Los niños están .... (dormir).
5. La cosa fue .... (empeorar) poco a poco.
6. No perdemos nada .... (preguntar).
7. Durante las próximas dos horas no tendremos agua corriente. Nos están .... (arreglar) la cañería.
8. Me estuvieron .... (seguir) unos tipos muy raros.
9. Esta chica está .... (mentir) sin pestañear*.
10. Mientras esté .... (llover) no podemos salir.
11. Están .... (construir) una casa de cinco pisos al lado de la nuestra.
12. Mi colega está .... (traducir) una novela dificilísima.

* **sin pestañear** ohne mit der Wimper zu zucken

3. Ersetzen Sie die unterstrichenen Wörter durch eine *Gerundio*-Konstruktion. ★★

1. Clara se fue y dijo: "Tengo mucha prisa."

   Clara se fue diciendo: "Tengo mucha prisa."
2. Si empezamos a tiempo, tendremos toda la tarde libre.
3. Aunque tuvierais una casa más grande, estaría igual de desordenada.
4. Cuando corría por el parque me encontré con tu vecina.
5. Carlos salió enfurecido y dio un portazo*.
6. En la selva** amazónica vimos un mono*** muy raro que saltaba por los árboles.
7. Si gastas tanto dinero en ese regalo, no te quedará casi nada para los otros.
8. Se resistiría a creerlo aunque se lo dijera más claramente.
9. Paseaba por la calle y cantaba en voz baja.
10. Si van por esta carretera, se ahorrarán**** por lo menos veinte kilómetros.
11. Cuando vieron que todas las cajas estaban vacías, los ladrones se fueron mientras maldecían su mala suerte.
12. Dejó caer las bolsas de la compra y se sentó.

* **dar un portazo** die Tür heftig zuschlagen; ** **la selva** der Dschungel; *** **el mono** der Affe; **** **ahorrarse** (sich) sparen

4. *Gerundio*, Infinitiv oder Partizip? ★★

1. Por .... (llegar) tarde te perdiste lo mejor.
2. Después de tantos esfuerzos en vano acabaron .... (emigrar) a Australia.
3. La veo .... (pasar) todos los días a la misma hora.
4. En cuanto dejes de .... (fumar) te sentirás mucho mejor.
5. Si sigue .... (nevar), mañana no podré ir en coche al trabajo.
6. ¿Ya está .... (poner) la mesa?
7. Acabará por .... (cometer) una tontería.
8. Llevamos .... (vivir) en esta ciudad más de cinco años.
9. Algunas de aquellas casas están .... (vender).
10. .... (hablar) con ellos no conseguirás nada y, además, terminarás .... (perder) toda tu energía.
11. Todo está muy .... (desordenar).

5. Übersetzen Sie. ★★★

1. Was macht ihr gerade? – Wir essen gerade zu Abend.
2. Wenn du so weiter arbeitest, wirst du eines Tages Probleme mit der Gesundheit bekommen.
3. Ich bereite mich seit einer Woche auf die Prüfung vor.
4. Sie feiern gerade Anitas Geburtstag.
5. Wir müssen noch ein wenig weiter sparen, um uns diese Reise leisten zu können.
6. Ich habe eine halbe Stunde gewartet und bin schließlich gegangen.
7. Unser Projekt schreitet sehr gut voran.
8. Ester und ihre Mutter streiten sich jetzt schon seit einer Stunde.
9. Pablo fing damit an, kleine Reisen für Freunde zu organisieren. Und heute hat er eines der größten Reisebüros in der Stadt.
10. Geh du bitte ans Telefon, ich bin gerade dabei, die Kinder ins Bett zu bringen.

25 Das Partizip Perfekt

1. Ergänzen Sie die fehlenden Endungen. ★

1. Quería comprar ciruelas* para una tarta, pero todavía no están madur........ .
2. Aquí todavía está prohibid........ la venta de drogas blandas**, pero en Holanda está tolerad........ .
3. ¿Cuántas novelas en español lleváis leíd........ hasta ahora?
4. Sonia dice que es rubia natural, pero yo sé que su pelo está teñid........ .
5. Si el nuevo cuadro no está bien fijad........ en la pared, se caerá y va a dañarse, como el que compramos hace unos años, que ya está prácticamente rot........ .
6. Ayer cenamos en el nuevo restaurante de la esquina***, pero no nos gustó: la carne no estaba bien hech........ y la ensalada, mal condimentad........ . Además, el local está decorad........ con muy mal gusto.
7. ¿Cómo, Juanita está casad........? – Sí, se ha casad........ este mes.

2. Setzen Sie die Partizipien ein. ★★

Sie waren zwei Wochen im Urlaub. Als Sie zurückkommen, ist etwas sehr Unangenehmes passiert:

1. Ustedes habían .... (cerrar) las ventanas y puertas; ahora están todas .... (abrir).
2. ¿Quién ha .... (encender) las luces? ¡Estaban .... (apagar)!
3. ¿Quién ha .... (romper) los cristales? Están todos .... (romper).
4. ¿Quién ha .... (usar) las copas?
5. La alfombra está .... (mojar) y .... (manchar).

* **la ciruela** die Pflaume; ** **las drogas blandas** weiche Drogen; *** **la esquina** die Straßenecke

26 Das Passiv

1. Bilden Sie die entsprechenden Formen des Vorgangspassivs. ★

veo	soy visto, -a	obligan	....
han tocado	....	observaremos	....
atacaréis	....	han arreglado	....
defiende	....	llevasteis	....
abrieron	....	han golpeado	....
comprarán	....	robarás	....

2. Setzen Sie folgende Aktivsätze ins Passiv. ★★

1. Unos amigos de la familia adoptaron al niño.
   El niño fue adoptado por unos amigos de la familia.
2. El alcalde inauguró* ayer una biblioteca infantil.
   ....
3. La profesora leerá el poema.
   ....
4. Los ladrones obligaron a los empleados del banco a abrir la caja fuerte**.
   ....
5. La constructora "Campo Verde" va a adquirir*** estos terrenos.
   ....
6. El fuego destruyó gran parte de los árboles del parque nacional.
   ....
7. Los ingenieros estudian el proyecto detenidamente****.
   ....
8. Mi hermano ha realizado los trabajos de carpintería.
   ....
9. Fundaron la bodega hace más de cien años.
   ....

* **inaugurar** einweihen; ** **la caja fuerte** der Safe, der Tresor; *** **adquirir** erwerben; **** **detenidamente** aufmerksam

3. *Ser* oder *estar*? Vervollständigen Sie die folgenden Passivsätze. ★★

1. Ahora no te puedo conseguir el libro porque la biblioteca .... cerrada.
2. Los cuadros .... robados por un ladrón habilísimo.
3. La bomba .... desactivada esta mañana por varios especialistas.
4. El museo .... abierto cada día de 11 a 7.
5. La carne .... preparada, las patatas .... peladas, ahora sólo me falta limpiar los champiñones y cortar los tomates.
6. Todas las rosas .... plantadas por mi padre.
7. La reunión .... aplazada.
8. La redacción .... llena de faltas pero ya .... corregida.
9. Cuando llegaron, todas las puertas y ventanas .... abiertas.
10. No puedo ir a tu fiesta de despedida porque ya .... invitada a otra fiesta.

4. Bilden Sie aus den folgenden Elementen Passivsätze in den angegebenen Zeiten. ★★★

1. cena – servir – restaurante – famoso (Futur)
   La cena será servida por un restaurante famoso.
2. medicamentos – distribuir – varias enfermeras (Perfekt)
   ....
3. montañeros – salvar – perro San Bernardo *(Indefinido)*
   ....
4. ministro – amenazar – colaborador (Präsens)
   ....
5. todavía desconocido – película – dirigir – director (Futur)
   ....
6. cuadro – adquirir – comprador anónimo *(Indefinido)*
   ....
7. casa – diseñar – amiga nuestra *(Indefinido)*
   ....

5. Wandeln Sie folgende Passivkonstruktionen in die Ersatzform mit *se* um. ★★★

1. La manifestación fue disuelta en cinco minutos.
   La manifestación se disolvió en cinco minutos.
2. Muchas escenas de la película fueron filmadas en los Andes.
3. Nuestro viaje a Madrid ha sido aplazado hasta principios de agosto.
4. Es la tercera novela que ha sido publicada este año sobre el mismo tema.
5. Estos edificios fueron construidos el año pasado.
6. En la reunión de ayer fueron acordados nuevos aumentos de sueldo.
7. El coche del asesino ha sido encontrado en las afueras de Valencia.
8. Estos trastos serán vendidos en un mercadillo.
9. Ayer fueron aprobados los presupuestos para el próximo año.
10. Los cuadros de esta exposición fueron colocados según un orden muy bien pensado.
11. La iglesia del pueblo fue reconstruida en 1995.
12. El acto fue organizado con toda rapidez.

6. Wandeln Sie in folgendem Rezept die Futur-Formen in die Ersatzform des Passivs mit *se* um. ★★★

Ternera con zanahorias

Ingredientes

1 kg de carne de ternera

2 cebollas

1 cucharada de harina

1 vasito de Jerez

4 zanahorias cortadas en rodajas

1 cucharilla de zumo de limón

5 dientes de ajo

aceite, pimienta, sal

Machacaremos en el mortero* los ajos, la sal y la pimienta. Añadiremos el zumo de limón y una cucharada de aceite y adobaremos la carne con este preparado.
En una cazuela freiremos las cebollas picadas. Cuando estén doradas, añadiremos la harina y el Jerez. Lo removeremos hasta que empiece a hervir y colocaremos en la cazuela la carne. La rodearemos** con las zanahorias cortadas en rodajas y la dejaremos cocer hasta que esté tierna.
Entonces la cortaremos en lonchas. Escurriremos*** las zanahorias y las pondremos en una fuente. Bañaremos la carne con la salsa y la serviremos caliente.

Se machacan en el mortero los ajos, ……………………………………

……………………………………………………………………

……………………………………………………………………

……………………………………………………………………

……………………………………………………………………

……………………………………………………………………

……………………………………………………………………

……………………………………………………………………

* **el mortero** der Mörser; ** **rodear** umgeben, hier: hinzugeben; *** **escurrir** abtropfen lassen

27 Der Gebrauch der Verben *ser*, *estar* und *hay*

1. Setzen Sie die entsprechenden Formen des Verbs *ser* ein. ★

1. Vivimos en Barcelona desde hace mucho tiempo pero .... de Zaragoza.
2. Nuestro vecino .... arquitecto.
3. .... muy temprano todavía para ir a la fiesta.
4. Los exámenes de francés .... el viernes próximo.
5. La profesora de español .... ecuatoriana.
6. Este vestido es precioso. ¿ .... de seda?
7. Esas montañas .... altísimas.
8. Carmen .... una persona encantadora.
9. Quisiéramos una mesa en la ventana. .... nueve.
10. Estos libros .... para ti.
11. La reunión .... en la sala dos.

2. Setzen Sie die entsprechenden Formen des Verbs *estar* ein. ★

1. ¿Habéis .... ya en este museo?
2. Pedro .... bastante mal. Tiene fiebre y le duele la cabeza.
3. Las calles .... llenas de gente.
4. ¿A cuánto .... las cerezas?
5. .... (yo) a su disposición.
6. Buenos días, ¿ .... el señor Rodríguez? – No, ha salido.
7. ¿Me .... (vosotros) escuchando?
8. El restaurante que buscan no .... en el centro.
9. No nos vamos a quedar mucho tiempo en esta ciudad. .... sólo de paso.

3. *Ser* oder *estar*? Setzen Sie die entsprechende Form ein. ★

1. Este café .... demasiado frío.
2. En esta tienda todo .... de muy buena calidad.
3. Mis padres .... de viaje.
4. Este matrimonio .... muy generoso. Te ofrecen todo lo que tienen.
5. Hoy las gambas .... carísimas.
6. .... (tú) muy pálida. ¿No .... bien?
7. Las habitaciones .... bastante sucias, lo que me extraña bastante, porque la dueña del hotel .... muy limpia.
8. Las películas de este director no me gustan nada. .... muy aburridas.
9. El agua del mar .... salada.
10. Esta mujer no para nunca. .... muy nerviosa.
11. Julia .... contentísima porque ha aprobado el examen.
12. Esta mermelada .... casera.
13. Este señor .... muy huraño. Siempre .... de mal humor.

4. *Ser* oder *estar*? Setzen Sie die entsprechende Form ein. ★★

1. Estos tomates todavía .... verdes. Yo no los compraría.
2. La tela que compré para hacer las cortinas .... verde.
3. ¡Qué callados .... hoy! ¿Os pasa algo?
4. Pepe .... muy callado*. Apenas se le oye cuando está en un grupo.
5. .... muy joven para la edad que tiene.
6. Estos chicos .... demasiado jóvenes para ver la película.
7. ¡Qué lista .... esta niña!
8. ¿Podéis esperar un rato? Todavía no .... (nosotros) listos.
9. Si no .... más atenta, vas a romper toda la vajilla.
10. .... (ellos) muy atentos con sus invitados: ¡unos anfitriones** perfectos!

* **callado/a** ruhig; ** **el anfitrión / la anfitriona** der/die Gastgeber/in

5. *Hay* oder *estar*? Vervollständigen Sie die Sätze. ★★

1. ¿ .... algún quiosco por aquí cerca? Quiero comprar el periódico.
2. (Al teléfono) ¿ .... Antonio? – Sí, un momento, ahora se pone.
3. ¿ .... mucha gente ayer en la fiesta? – Muchísima.
4. Hoy no podemos comprar nada ya. Las tiendas .... cerradas.
5. A las siete .... una manifestación contra el terrorismo en la Plaza Mayor.
6. ¿Dónde .... mis llaves? No las encuentro por ninguna parte.
7. .... mucha gente que cree en el destino*.

6. Vervollständigen Sie die Sätze mit den entsprechenden Formen von *ser* oder *estar* oder mit *hay*. ★★

1. Elena .... bastante deprimida porque tiene que repetir el curso.
2. Allí .... un señor que pregunta por usted.
3. Estos chicos .... locos.
4. Hoy .... domingo. Las tiendas no .... abiertas.
5. No .... (nosotros) de esta región pero .... (nosotros) aquí desde hace mucho tiempo.
6. ¿Cuántos alumnos .... en tu clase?
7. .... posible que a esta hora no .... (ellos) en casa.
8. Estos muebles de cuero siempre .... caros si .... de buena calidad.
9. La casa .... en un estado lamentable**.
10. En la próxima esquina .... otra farmacia.
11. ¿Dónde .... la conferencia sobre Buñuel?
12. — Juan, mira, ésta .... Montse, una amiga de Barcelona.

    — Hola, Montse, ¿qué tal ....?

* **el destino** das Schicksal; ** **lamentable** bedauerlich

28 Die indirekte Rede

1. Vervollständigen Sie die Sätze in der indirekten Rede. ★★

1. "No llegué a tiempo."
   Mi madre dijo que *no llegó/había llegado a tiempo.*
2. "Lo vi el otro día en la calle."
   Tu hermana me dijo que ………………………………………… .
3. "No tengo tiempo."
   Ramón nos dijo que ………………………………………… .
4. "Me salió todo fenomenal."
   Elena diría que ………………………………………… .
5. "Te ayudaremos a organizar la fiesta."
   Mis vecinos me dijeron que ………………………………………… .
6. "Ya he leído varias novelas de esta autora."
   Mi sobrina dice que ………………………………………… .
7. "Te compraré este disco."
   Rita me prometió que ………………………………………… .
8. "Estoy planeando un viaje a las islas Galápagos."
   Mi colega me había dicho que ………………………………………… .
9. "En tu lugar no aceptaría la oferta."
   Mi hermana me dijo que ………………………………………… .
10. "Si me dan el puesto, tendré que cambiar de casa."
    Federico decía que ………………………………………… .
11. "No creo que tengas razón."
    Mi padre ha dicho que ………………………………………… .
12. "Te llamaré."
    Miguel me prometió que ………………………………………… .

2. Geben Sie folgende Aufforderungen in der indirekten Rede wieder. ★★

1. "Apagadla." Dice que *la apaguéis.*
2. "Dámelo." Dice que .
3. "Idos." Dice que .
4. "Hazlo." Dice que .
5. "Repítalo." Dice que .
6. "Muévete." Dice que .
7. "Decídselo." Dice que .
8. "Ven." Dice que .
9. "Póntelo." Dice que .
10. "Míralo." Dice que .
11. "Cómpramelo." Dice que .
12. "Prepárate." Dice que .
13. "Pregúnteselo." Dijo que *se lo preguntara.*
14. "Tíralo." Dijo que .
15. "Mírenme." Dijo que .
16. "Póntelos." Dijo que .
17. "Váyanse." Dijo que .
18. "Pasad." Dijo que .
19. "Cómaselo." Dijo que .
20. "Seguidme." Dijo que .
21. "Enséñanoslo." Dijo que .
22. "Diviértete." Dijo que .
23. "Estudia." Dijo que .
24. "Escuchadme." Dijo que .
25. "Decídselo." Dijo que .
26. "Pregúntelo." Dijo que .
27. "Reservadlas." Dijo que .

3. Auf Teresa Robledos Anrufbeantworter sind heute mehrere Nachrichten. Geben Sie sie ihr in der indirekten Rede (*tú*-Form) wieder. ★★

1. "Señora Robledo, habla Javier Fuentes. Si quiere, puede pasar a recoger su televisor. Ya lo hemos arreglado."

   Ha llamado Javier Fuentes. Dice que si quieres, puedes pasar a recoger tu televisor. Que ya lo han arreglado.

2. "¡Hola, Teresa! Soy Charo. Llámame cuando vuelvas."

3. "Teresa, ¿te has olvidado de la cita que teníamos? Espero tu llamada, hasta luego, Susana."

4. "Teresa, ¿qué te pasa? ¿Por qué no me llamas? Hace una semana que no sé nada de ti. No me hagas esperar más. Un beso, mamá."

4. Sie geben die Nachrichten einen Tag später wieder. ★★

1. "Señora Robledo, habla Javier Fuentes. Si quiere, puede pasar a recoger su televisor. Ya lo hemos arreglado."

   Ayer llamó Javier Fuentes. Dijo que si querías, podías pasar a recoger tu televisor. Que ya lo habían arreglado.

2. "¡Hola, Teresa! Soy Charo. Llámame cuando vuelvas."

3. "Teresa, ¿te has olvidado de la cita que teníamos? Espero tu llamada, hasta luego, Susana."

4. "Teresa, ¿qué te pasa? ¿Por qué no me llamas? Hace una semana que no sé nada de ti. No me hagas esperar más. Un beso, mamá."

5. Setzen Sie die eingeklammerten Verben in der richtigen Zeitform ein und achten Sie dabei auf die indirekten Befehle. ★★★

1. Quería hablar con Carmen pero me dijeron que ya .... (irse).
2. Mi jefe me preguntó el otro día si .... (tener) interés en acompañarle a un congreso en Estocolmo.
3. ¿Por qué no les dijiste que ya .... (mandar, tú) la carta?
4. Pensé que les .... (dar, yo) una sorpresa invitando también a Francisco.
5. No me digas que .... (perder, tú) mi monedero.
6. Antonio y Rosa insistieron mucho en que .... (quedarse, nosotros) a cenar.
7. Mi madre nos dijo que no .... (tener) tiempo, que .... (ir, nosotros) solos.
8. Mi vecina me prometió que .... (ocuparse) del gato mientras yo .... (estar) de vacaciones.
9. La secretaria dice que el jefe aún no .... (llegar).
10. El testigo afirmaba que .... (ver) a un hombre alto y vestido de negro saltando por una tapia.

6. Übersetzen Sie. ★★★

1. Sara hat gesagt, dass sie morgen ins Kino gehen will.
2. Deine Eltern sagten, du seist schon sehr früh ins Büro gefahren.
3. Die Direktorin hat angeordnet, dass alle zur Versammlung kommen.
4. Pedro behauptet immer, ich würde ihm seine Bücher nicht zurückgeben.
5. Frau Rodríguez hat gesagt, Josefina sei nicht zu Hause, ich solle später noch einmal anrufen.
6. Die Lehrerin kündigte an, dass die nächste Prüfung im Juli stattfinden würde.
7. Sag ihnen, sie sollen Platz nehmen.
8. Er sagte zu mir, ich solle mich hinlegen, wenn ich müde sei.
9. Ihr hattet versprochen, dass ihr uns besuchen würdet.
10. Er hat mir versichert, dass er den Termin vergessen hätte, wenn ich ihn nicht angerufen hätte.

29 Die Adverbien

1. Setzen Sie das Adverb ein. ★

1. Hemos pasado el fin de semana tranquilamente (tranquilo).
2. Te ayudo para que terminemos más .... (rápido).
3. Estos niños están muy bien educados, saludan siempre .... (cortés).
4. Os hemos entendido .... (perfecto).
5. Estos asuntos hay que arreglarlos .... (razonable).
6. .... (feliz), el accidente no fue grave.
7. El viaje a Estados Unidos era .... (extraordinario) barato.
8. Estamos .... (completo) rendidos.
9. La nueva vecina me sonrió .... (amable).
10. Todo eso va muy .... (lento).
11. Voy al cine muy .... (raro).
12. Se despidieron de nosotros .... (cariñoso).
13. .... (general) vamos a España en Navidades.
14. .... (probable) llueva este fin de semana.
15. El país saldrá muy .... (fácil) de la crisis.

2. Übersetzen Sie. ★★

1. Elena ist immer sehr elegant gekleidet.
2. Meine Schwester spricht gut Italienisch.
3. Wir haben noch nie so schlecht gegessen wie in diesem Restaurant.
4. Ich habe wirklich keine Lust, heute ins Kino zu gehen.
5. Mein Vater redet wenig, aber mein Bruder redet noch weniger.
6. Seltsamerweise hat sie mir das nicht gesagt.
7. In diesem Büro arbeitet man sehr gewissenhaft.
8. Er hört immer geduldig zu.
9. Sie haben sehr heftig diskutiert.
10. Das ist nicht gerade eine leichte Aufgabe.

3. *Muy* oder *mucho*? ★★

1. No me acuerdo .... bien de ellos.
2. Buenos Aires es una ciudad .... interesante.
3. Nos gusta .... España.
4. Este libro es .... bueno.
5. Mi hija pequeña come .... poco.
6. Lo siento ....
7. Mis padres viven .... lejos de aquí.
8. Hoy hace .... frío, ¿no crees?
9. Hemos estado hablando .... de ese asunto.
10. Estas vacaciones me he gastado .... menos que el año pasado.

4. Setzen Sie das passende Adverb ein. ★★

allí ya más antes bien todavía así demasiado cerca despacio

1. Mi abuela siempre dice que .... los jóvenes eran mucho más formales.
2. Mañana me voy a París porque .... hay una exposición muy interesante.
3. Ha prometido escribirme, pero .... estoy esperando su carta.
4. El restaurante que busca está muy .... ; son solamente cinco minutos a pie.
5. Ana me pone nerviosa. Habla ....
6. ¿Habéis cenado ....? – No, os hemos estado esperando.
7. Esta película está .... hecha.
8. .... no llegarás nunca. Tienes que caminar .... de prisa.
9. Deberías conducir más .... Esta carretera es bastante peligrosa.

5. Ersetzen Sie das Adverb durch eine adverbiale Wendung. ★★★

1. Caminaban silenciosamente. en silencio
2. Indudablemente tiene razón. ....
3. Este niño está enfermo frecuentemente. ....
4. Pedro afronta todos los problemas tranquilamente. ....
5. Generalmente, me llevo bastante bien con mis hermanos. ....
6. Las chicas se reían alegremente. ....
7. Antonio nos saludó muy cariñosamente. ....
8. Tomaron la decisión rápidamente. ....

6. Beide Formen – Adverb und adverbiale Wendung – sind nicht immer austauschbar. Unterstreichen Sie das Passende. ★★★

1. *Por último/últimamente*, tengo que comunicaros que este año no habrá cesta de Navidad.
2. Estoy *realmente/en realidad* sorprendida con la reacción de Dolores.
3. *Por último/últimamente* veo muy poco a mi jefe. Está siempre de viaje.
4. — Quiero dejar de trabajar y emigrar a una isla del Caribe.

   — ¿*De verdad/verdaderamente*?, ¿lo dices en serio?
5. Estamos *en total/totalmente* convencidos de que este producto será un éxito.
6. — ¿Cuántos ejemplares de esta novela se habrán vendido ya en este año?

   — No sé, unos dos mil, *en total/totalmente*.

7. Adverb oder Adjektiv? Ergänzen Sie den Text mit den richtigen Formen. ★★

El otro día vi a Luisa. Llevaba una chaqueta ________ (rojo) muy ________ (llamativo) y estaba muy ________ (guapo) con su pelo ________ (castaño) ________ (recogido) en una coleta, y su cara ________ (ligero) ________ (bronceado). Caminaba con paso ________ (resuelto), pero de vez en cuando se paraba en algún escaparate para mirar ________ (detenido) los artículos ________ (expuesto). Cuando me acerqué a ella parecía estar muy ________ (contento) de verme. Me saludó ________ (cordial) y con esa sonrisa tan ________ (simpático) que tiene. Sin embargo, me dijo que ________ (último) había tenido algunos problemas y que tenía que contármelo más ________ (detallado). Por eso quedamos en vernos al día siguiente en el bar al lado de su casa.

8. *Bien* oder *buen, -o, -a, -os, -as*? Ergänzen Sie. ★★

1. Esta crema para las manos es muy ________ .
2. En ese restaurante de ahí se come muy ________ .
3. — Antonia, ¿cómo estás?
   — Muy ________ , ¿y tú?
4. Tengo que daros una ________ noticia. Me han dado una beca de estudios para los Estados Unidos.
5. Esta tarde vamos a ir a casa de los tíos, así es que pórtate ________ y sé ________ .
6. Si mañana hace ________ tiempo, iremos a la sierra.
7. No está ________ lo que haces. Deberías ser más responsable.

30 Die Präpositionen

1. *Por* oder *para*? Setzen Sie die richtige Präposition ein. ★

1. Así empieza una publicidad muy conocida:

   ¡Cien euros .... tu cara bonita!

   ¡........................ conseguirlas, sólo tienes que saber si .... ese poco dinero

   puedes comprar una estupenda crema .... prevenir las arrugas!
2. No la aceptaron en el banco .... no saber hablar bien inglés.
3. Si María no puede venir .... ayudarte, puedo venir yo .... ella.
4. Creo que podemos comprar ese perfume .... Susana .... 25 euros.
5. .... lo que cuesta tu coche yo me compro un apartamento en la

   playa .... pasar mis vacaciones.
6. Se reunieron .... decidir cómo luchar .... los derechos de los animales.
7. Estoy coleccionando sellos .... mi sobrino.
8. Liliana hizo una tarta .... primera vez.
9. Es una madre ejemplar, se ha sacrificado toda su vida .... sus hijos.

2. Verbinden Sie beide Satzteile. ★★

1. Graciela hace todo	a) sin querer.
2. Aquí encuentras todas las claves	b) para trabajar.
3. ¿Podré alquilar un piso	c) por su voz.
4. Manuel siguió a sus compañeros	d) sin tomar nada.
5. Necesitamos un sofá	e) por amor a su familia.
6. He venido aquí	f) para navegar en Internet.
7. Ya no puedo vivir	g) hacia la puerta de la calle.
8. Aun sin verla, Ana la reconoció	h) para el cuarto de estar.
9. Hoy hago dieta: paso el día	i) por tan poco dinero?
10. Volvieron ayer	j) sin móvil.
11. Oh, lo siento, lo hice	k) de sus vacaciones.

3. Bilden Sie alle möglichen Sätze mit den Präpositionen *a*, *de*, *para* oder *en*. ★★

Salimos	Toledo.
Vuelvo	estudiar.
Iremos	las ocho.
He buscado	la escuela.
Esta cartera es	mi amiga.
Entran	Madrid.
Adela es	compras.
Nos quedamos	piel.

Vuelvo a las ocho.

4. Übersetzen Sie. ★★★

1. — Wann bist du angekommen?
   — Vor vierzehn Tagen.
2. Der Unterricht hat vor zehn Minuten angefangen.
3. Seit wann wartest du auf den Bus?
4. Ich habe María seit März nicht mehr gesehen.
5. Bis vor einer Woche hat es hier viel geregnet.
6. Peter ist bei seinem Vater.
7. Die Katze wartet immer vor der Tür.
8. Fährt dieser Zug nach Barcelona?

5. Ergänzen Sie den Text mit den fehlenden Präpositionen. ★★

El 10 .... ① junio, ... ② las once .... ③ la mañana, José está .... ④ la cafetería, sentado .... ⑤ la barra. .... ⑥ ese momento ve .... ⑦ la ventana .... ⑧ Julia que pasa .... ⑨ la cafetería, se levanta y la llama. Ella lo saluda .... ⑩ cariño, entra y le da un beso .... ⑪ la mejilla, José la invita .... ⑫ sentarse .... ⑬ su lado, pero ella le dice .... ⑭ una sonrisa que prefiere estar .... ⑮ pie; José bebe un café .... ⑯ leche, ella pide uno .... ⑰ leche y .... ⑱ mismo tiempo trata .... ⑲ sacar .... ⑳ su cartera unas fotos .... ㉑ sus últimas vacaciones pasadas .... ㉒ la playa .... ㉓ su amiga Dorotea .... ㉔ Alemania, ... ㉕ tanta mala suerte que las mismas caen .... ㉖ suelo. José se pone .... ㉗ pie .... ㉘ levantarlas, pero su café se vuelca y se derrama .... ㉙ las fotos. .... ㉚ suerte Julia lleva las fotos digitales y va .... ㉛ poder hacer copias. .... ㉜ mucha pena se despide .... ㉝ José y se marcha .... ㉞ la tienda .... ㉟ fotos .... ㊱ encargar las copias .... ㊲ ella y también .... ㊳ su amiga.

6. Setzen Sie die richtige Präposition ein. ★★

1. Insisto .... que te quedes unos días más en mi casa.	sobre – en
2. Mira, fíjate .... esa señora. ¿Su cara no te resulta conocida?	a – en
3. Mi hermano ha conocido a una chica alemana y se ha enamorado .... ella.	de – en
4. ¡Qué olor tan raro!, ¿ .... qué huele aquí?	para – a
5. No me parece bien que te rías .... mis amigos.	de – sobre
6. No me acostumbro .... el clima de aquí.	por – a

7. Unterstreichen Sie die richtige Präposition. ★★

1. Me acuerdo mucho *en/de* mis hermanos.
2. Luis, ¿tú crees *a/en* las casualidades?
3. Emilia no se asusta *de/sobre* nada.
4. ¿Por qué te burlas *sobre/de* mí?
5. Si tú quieres, me encargo yo *sobre/de* la cena.
6. Mi compañero se ha referido *sobre/a* un tema que ya discutimos en la reunión del jueves.
7. Esta noche he soñado *de/con* mi abuela.
8. Tienes que aprovecharte *de/desde* esa oportunidad.
9. ¿Te arrepientes *de/en* haberte cambiado de barrio?
10. ¡No te olvides *sobre/de* nosotros cuando estés en Australia!
11. Me gustaría cambiar este jersey de lana *por/contra* uno de algodón.
12. Deberías confiar más *sobre/en* ti.
13. No me gusta renunciar *a/en* mis deseos.
14. ¿Por qué tardará Ramón tanto *en/por* llegar?
15. El curso consta *por/de* cinco clases teóricas y diez prácticas.
16. Rosa, coge a tu hermana *en/de* la mano y no la sueltes.
17. Perdona, me he equivocado *sobre/de* calle.
18. — ¿*En/De* qué has quedado con Elena?

    — *En/De* que nos vemos mañana a las cinco.
19. En la fiesta de disfraces de Juana, Amalia se disfrazó *de/sobre* azafata.
20. No dudo *de/sobre* tus aptitudes como mecánico, pero prefiero llevar el coche a un taller.
21. No sirve *de/con* nada darle la razón a Antonio.
22. Miguel es un especialista *para/en* plantas tropicales.
23. No quiero esperar más *de/a* Emilio. Siempre llega tarde. ¡Vámonos!
24. No espero nada *de/a* Raúl. Nunca cumple lo que promete.

8. Ergänzen Sie die Präposition *a*, wo nötig. ★★

1. María José, entonces, ¿cuándo vas .... venir .... verme?
2. Nos hemos comprado .... un perro.
3. No conozco todavía .... la familia de mi novio.
4. ¿Puedes darle .... este paquete .... Fermín?
5. ¿Has visto .... Felipe últimamente?
6. No me gusta .... el nuevo Museo de Arte Contemporáneo.
7. ¿ .... quién has saludado por la calle?
8. Busco .... una buena modista que me arregle este abrigo.
9. ¿Quieres acompañarme .... la exposición de Miró?
10. — ¿Tienes .... hermanos?
    — Sí, tengo .... un hermano y .... dos hermanas.

9. Ergänzen Sie die Präposition *de*, wo nötig. ★★

1. Me gusta mucho .... bailar salsa.
2. No vale la pena .... seguir intentándolo.
3. — ¿Qué tal la película?, ¿ .... qué trataba?
   — Pues trataba .... un chico joven que emigra a Alemania.
4. — ¿Es difícil .... conseguir ese libro aquí?
   — No, no es difícil .... conseguir. Lo consigues en cualquier librería grande.
5. No está bien .... contarles esas cosas a los niños.
6. No creo .... que mi jefe tenga tiempo para mí mañana. Está siempre muy ocupado.
7. Tengo la seguridad .... que este proyecto saldrá bien.
8. Hay muchas posibilidades .... que Rosario consiga el puesto de ayudante de dirección.
9. Es muy posible .... que este año vengan a verme mis amigos de Lima.
10. Con esta receta, es facilisímo .... hacer tartas de manzana.

31 Die Konjunktionen

1. Setzen Sie die passende Konjunktion ein. ★★

cada vez que   aunque   de modo que   porque   antes de que
siempre que   por mucho que   para que   como   como si

1. No se lo repetiré más, ... ya lo sabe de sobra.
2. .... toméis alguna decisión, pensároslo bien.
3. No lo despidieron .... sabían que había cometido un error muy grave.
4. Te prestaré mi coche .... lo trates con mucho cuidado.
5. Haremos todo lo posible .... esto no se repita más.
6. .... Elena tuvo que vender el coche, ahora siempre busca a alguien que la lleve.
7. .... hayas trabajado, no es suficiente.
8. Carlos me miró .... no supiera de qué le estaba hablando.
9. .... estos niños pasan por aquí dejan la casa medio destrozada.
10. Todos los hoteles estaban ocupados, ... tuvimos que pasar la noche en el coche de Verónica.

2. Indikativ oder *Subjuntivo*? ★★

1. ¡Avísame cuando .... (saber, tú) la fecha exacta de la reunión!
2. Cuando Ana .... (estar) en casa, siempre nos divertimos mucho.
3. Mis padres siempre van al mismo hotel, aunque .... (quejarse) de que la calidad baje continuamente.
4. Seguiremos con nuestro proyecto, aunque la realización .... (resultar) difícil.
5. Después de que los niños .... (volver) del colegio, siempre tienen mucha hambre.

3. Setzen Sie die passende Konjunktion ein. ★★

si como si en caso (de) que siempre que

1. .... me hacéis este favor, os invito a cenar.
2. .... llueva, tendremos que aplazar la fiesta.
3. No sé .... Paloma ha recibido mi carta.
4. Se comportan .... fueran amigos de toda la vida.
5. Queríamos invitar también a nuestros vecinos, ... estéis de acuerdo.
6. .... el vino se haya agotado*, tráeme otro que tenga más o menos el mismo precio.
7. Los alumnos me miraban .... todo eso no les interesara para nada.
8. .... no estáis de acuerdo con que procedamos así, decídmelo claramente.
9. .... se suspenda la clase podríamos ir a tomar un café todos juntos.
10. No importa lo que digan .... se porten bien.

4. Setzen Sie die eingeklammerten Verben in die richtige Zeit und den entsprechenden Modus. ★★

1. Si no me .... (llamar), no te lo habría perdonado nunca.
2. A Pedro no le ascenderán nunca, aunque .... (trabajar) como un burro.
3. Puesto que .... (tener, tú) tan poco tiempo, no te molestaremos más.
4. Cuando la .... (ver, nosotros) el otro día en la facultad, pasó sin saludarnos.
5. Por mucho que .... (discutir, vosotros) con ella, no la convenceréis nunca.
6. Cuando .... (llegar, ellos) ya habíamos terminado.

* **agotado** ausverkauft

5. Fragewort oder Konjunktion? Ergänzen Sie die passende Form. ★★

cuando cuándo para qué para que por qué porque

1. — ¿ .... me vas a llamar?
   — .... llegue al aeropuerto.
2. No sé .... Alfonso llega siempre tarde a la oficina.
3. No vamos a ir esta noche al concierto de Ana Belén .... no hemos conseguido entradas.
4. ¿ .... quieres comprarte un sombrero? Seguro que no te lo pones nunca.
5. Te lo cuento .... que lo sepas. Pero no se lo digas a nadie, por favor.
6. Siempre está ahí .... la necesito.
7. Me pregunto .... querrá Jaime el número de teléfono de mi hermana.
8. ¿Sabes .... vuelve José María de Cuba?

6. *Cuando* oder *si*? ★★

1. Mañana estaré en casa. Llámame .... quieras.
2. .... me dan el puesto, os invito a cenar, ¿vale?
3. .... no me lo dices ahora, te vas a arrepentir*.
4. .... ves a Raquel, dale recuerdos de mi parte.
5. ¿Puedes comprarme la revista "Sol", ... pasas por algún quiosco?
6. .... no me encuentras en casa, puedes dejarme un mensaje en el contestador.
7. ¡Qué rara es Rosa!, nunca me saluda, ... me ve por la calle.
8. .... entré en casa, la luz estaba encendida y la terraza del salón estaba abierta.

* **arrepentir** bedauern

7. *Que* als Konjunktion oder als Relativpronomen. Wann steht das Verb nach *que* im Indikativ, wann im *Subjuntivo*? Ergänzen Sie die Sätze mit der richtigen Form folgender Verben. ★★★

venir vender estar comprar pasar ayudar terminar ganar arreglar tener ser ✔ decir

1. Creo que el director de esa película *es* Julio Médem.
2. Necesito urgentemente un fontanero* que me .... el lavabo del baño, porque se sale el agua.
3. Es muy difícil que nuestro equipo .... la copa.
4. No creo que Pedro .... el trabajo para mañana.
5. ¿Quieres que te .... a colocar todos esos libros en la estantería**?
6. Espero que .... (vosotros) unos días estupendos en las Islas Canarias.
7. Mira, esa chica de ahí que .... con Dolores ha conseguido una beca para estudiar en los Estados Unidos.
8. Me molesta mucho que el presidente no nos .... la verdad sobre la situación de la empresa.
9. ¡Eloísa, qué pena que no .... el sábado a mi cumpleaños! Te vamos a echar de menos.
10. Es lógico que tu hermano .... el coche. No lo usa nunca.
11. Seguro que Almudena le .... ya un regalo a Rafael sin decirnos nada.
12. — Ha llamado Manuel.
    — ¿Y qué ha dicho?
    — Que el sábado .... tiempo. Que podríamos ir al cine juntos.
    — Sí, claro, ¿por qué no?

* **el fontanero / la fontanera** der/die Klempner/in; ** **la estantería** das Regal

Lösungen

1 Betonung, Akzent und Zeichensetzung

1.

1. día, cafetería, caí
2. José, tú, trabajáis, panadería
3. sé, difícil
4. jardín, está, río, árboles, todavía, jóvenes
5. policía, anunció, ladrón, escapó, cárcel
6. María, cómo, más, maíz, plátanos
7. mayoría, están, América
8. habitación, vacía, violín
9. canción, música, órgano
10. quién, frío

2.

■ □ □ sílaba, cámara, vehículo, máquina, México, teléfono
□ ■ □ palabras, panadería, coche, árbol, crisis, Turquía, Cuba
□ □ ■ contar, ciudad, perejil, oración, limón, Madrid, París, Jerez, Perú

3.

1. ¿Dónde está Berlín?
2. ¿Cuánto cuestan las patatas?
3. ¡Qué caros están los tomates!
4. ¡Atención!
5. ¿Por qué me miras así?
6. Julio es médico y su hermano, ingeniero.
7. Querida Elena: Acabo de llegar ...

4.

1. ¿Cuándo te vas de vacaciones? *Wann fährst du in Urlaub?*
   El té con leche está frío. *Der Tee mit Milch ist kalt.*
2. Éste no es mi abrigo. *Dieser/Das ist nicht mein Mantel.*
   A mí no me gusta la música de rock. *Mir gefällt Rockmusik nicht.*
3. Él es una persona muy simpática. *Er ist ein sehr sympathischer Mensch.*
   El amigo de Juana es de París. *Juanas Freund kommt aus Paris.*
4. Si quieres, nos vemos mañana a las 12. *Wenn du willst, treffen wir uns morgen um 12 Uhr.*
   Sí, te espero en el restaurante para comer. *Ja, ich erwarte dich zum Essen im Restaurant.*
5. No sé cuándo llega el tren. *Ich weiß nicht, wann der Zug ankommt.*
   Se ducha siempre por las mañanas. *Er/Sie duscht sich immer vormittags/morgens.*

5.
1. ¿Eres médico? - No, soy periodista.
2. ¿Cuándo llega el avión de Málaga? - A las 15 horas.
3. ¿De dónde son Carlos y Julia? - Son de Buenos Aires.

2 Das Substantiv

1.
la memoria; el libro; el tren; el calor; la universidad; la radio; la nación; el sillón; el problema; la iglesia; el camión; la precisión; el café; la mano; el idioma; la salud; la muchedumbre; el tema

2.
la alegría; la afición; el hambre; el agua; el arte; el haba; el alma; la abeja; la agencia, el águila; el hacha; la alarma

3.
1. El; 2. La; 3. la; 4. El; 5. El; 6. La; 7. El; 8. La

4.
los perros; los sofás; las mesas; los reyes; las canciones; los profesores; los meses; las cruces; las flores; los coches; los iraníes; las campanas; los lápices; los gorros; las libertades; las costumbres

5.
el tenedor, los tenedores; la amiga, las amigas; el miércoles, los miércoles; el garaje, los garajes; la sociedad, las sociedades; el arte, las artes; la mano, las manos; el área, las áreas; el paraguas, los paraguas; la torre, las torres; el poema, los poemas; la lección, las lecciones

6.
1. la secretaria; 2. la hermana; 3. la actriz; 4. la gata; 5. la estudiante; 6. la cantante; 7. la madrina; 8. la médica; 9. la periodista; 10. la deportista

3 Der Artikel

1.

1. Los; 2. el; 3. -, el; 4. los; 5. La, -; 6. el; 7. -, el; 8. las; 9. las, los; 10. -, La; 11. las

2.

1. un; 2. una; 3. -; 4. un; 5. un; 6. -; 7. una; 8. -; 9. -

3.

1. Lo que; 2. lo que; 3. Lo; 4. lo que; 5. Lo; 6. Lo; 7. Lo; 8. Lo; 9. lo que; 10. Lo

4.

1. Lo; 2. las; 3. un; 4. Una; 5. el; 6. Las; 7. Los, del; 8. La; 9. al; 10. lo; 11. la (oder: una); 12. -; 13. unos, una

5.

1. Me gustan los vinos españoles.
2. Los volcanes del sur son los más altos.
3. La generosidad es una gran virtud.
4. Mi hermana va al colegio en bicicleta.
5. No entendemos nunca lo que dice. (*Oder:* Nunca entendemos lo que dice.)
6. Rosa tiene los ojos verdes y el pelo castaño.
7. Lo agradable de esta casa es su situación.
8. En coche tardamos media hora.
9. En el festival he visto unas películas que me han impresionado mucho.
10. El señor Alarcos es el propietario de este coche.
11. ¿Qué hora es? - Es la una.
12. No, ya son las dos.
13. Me he comprado unos pantalones.
14. Carmen lleva gafas.
15. Los lunes vamos siempre al cine.

4 Die Personalpronomen

1.

1. Las compra en el mercado.
2. La ha cortado del rosal.
3. ¿No lo queréis ver? (*Oder:* ¿No le queréis ver?)
4. Lo encontró en la Universidad.
5. Mafalda dijo una vez: "Yo la quiero siempre".
6. Por fin lo obtuvo.

2.

1. la; 2. le, lo, le; 3. lo; 4. le, le; 5. le, la; 6. las, las; 7. le, les; 8. las, las; 9. les, les; 10. los

3.

1. Esa foto nos recordó nuestro país natal.
2. Este mapa tan útil te lo compré en España.
3. A los señores García les encanta el pescado.
4. El próximo fin de semana las invitamos a cenar.
5. A mí no me gusta el marisco.
6. Mis gafas las encontré en el cajón del escritorio.
7. ¿El pan integral lo compráis en la panadería de enfrente?
8. ¿A Jorge lo invitas a tu cumpleaños?
9. La postal te la enviamos desde Mallorca.

4.

1. Se las cuenta. 2. Se los explica. 3. Se la pedimos. 4. Se lo llevan.
5. Se los solucioné.

5.

1. te lo, me lo; 2. Os lo; 3. me la; 4. me los, los; 5. se lo; 6. le, se los, los; 7. me la

6.

1. - b); 2. - a); 3. - e); 4. - c); 5. - d)

7.

1. ti; 2. con<u>tigo</u>; 3. con<u>migo</u>; 4. le; 5. nosotros (*oder:* nosotras);
6. vosotros (*oder:* vosotras); 7. os; 8. tú; 9. ella (*oder:* él); 10. me

8.

1. diciéndo<u>selo</u>, tomándo<u>los</u>; 2. perdiéndo<u>la</u>; 3. reparándo<u>la</u>, pensándo<u>lo</u>, decidir<u>te</u>;
4. hablándo<u>le</u>, perdonar<u>le</u>

5 Die Demonstrativpronomen

1.

1. Estos nogales dan muy buenas nueces.
2. Esos coches no están correctamente aparcados.
3. Aquellas casas están bien construidas.
4. Aquellos empleados son muy simpáticos.
5. Estas ciudades tienen varios museos interesantes.
6. Mira, Felipe, éstos son mis hermanos.

2.

7. - 2. - 1. - 4. - 6. - 5. - 3. - 8.

3.

1. Estos libros los pongo aquí, en la mesa.
2. Quisiera probarme ese vestido ahí, en esa tienda.
3. Aquello de allí es el Ayuntamiento.
4. Creo que eso que haces no es correcto. (*Oder:* Creo que no es correcto eso que haces.)
5. Mira, Rosa, éstos son mis padres.
6. ¿Dónde está el museo? - Es aquel edificio de allí.
7. ¿Quién es ese chico al lado de tu madre? - Mi tío Antonio.
8. ¿Cuál es tu maleta? - Aquella azul de allí.
9. En esa casa nací yo. (*Oder:* Yo nací en esa casa.)
10. No toques esas flores, son muy delicadas.

6 Die Possessivpronomen

1.

1. nuestras; 2. suyo, suya; 3. tuyo; 4. suyos; 5. míos, míos

2.

1. La cartera roja es mía.
2. Las toallas de flores son nuestras.
3. El coche nuevo es suyo.
4. El paraguas amarillo es tuyo.
5. El equipaje es vuestro.
6. Los perros son suyos.

3.

1. mis; 2. mi; 3. su; 4. sus; 5. su; 6. mi; 7. mis; 8. mi; 9. mis; 10. Mi; 11. mis; 12. mis; 13. nuestra (*oder:* mi), nuestro (*oder:* mi); 14. tu

7 Die Indefinitpronomen

1.
1. algo; 2. alguien, cualquier; 3. cualquiera, algo; 4. nadie; 5. algo, nada

2.
1. algunas; 2. ninguna; 3. ninguna; 4. alguna; 5. ninguna; 6. algún; 7. ninguno; 8. alguna

3.
1. nunca; 2. nadie; 3. nadie; 4. nunca; 5. nada; 6. ningún; 7. ninguna; 8. alguien; 9. algo; 10. nada (*oder:* nunca nada).

8 Die Interrogativpronomen und -adverbien

1.
1. – d); 2. – f); 3. – c); 4. – a); 5. – b); 6. – e)

2.
1. Cuál; 2. cuántos; 3. cuánto; 4. cuándo; 5. Cuántos

3.
1. cuál; 2. qué; 3. qué; 4. cuál; 5. Qué; 6. Qué; 7. Cuál; 8. Cuál

9 Die Relativpronomen

1.
1. la que (*oder:* quien); 2. que; 3. los que; 4. que; 5. lo que; 6. que; 7. que; 8. la que (*oder:* de quien); 9. lo que

2.
1. La bicicleta que se le rompió a Alejandro no era suya.
2. El juquete que tenía el bebé se le cayó al suelo.
3. Los jóvenes que encontraron la billetera en la calle, la entregaron a la policía. (*Oder:* La billetera que los jóvenes encontraron en la calle, la entregaron a la policía).
4. Claudio ha comprado un móvil que no usa nunca. (*Oder:* Claudio nunca usa el móvil que ha comprado.)
5. Los libros que le dejé no me los ha devuelto. (*Oder:* No me ha devuelto los/unos libros que le dejé.)
6. El vestido verde que te has puesto no me gusta. (*Oder:* No me gusta el vestido verde que te has puesto.)

3.
1. – b); 2. – e); 3. – d); 4. – a); 5. – f); 6. – c)

4.
1. desde; 2. del (de + el); 3. a; 4. para; 5. con; 6. en

5.
1. cuyas; 2. cuya; 3. cuyos; 4. cuya

10 Das Adjektiv

1.
1. pequeña; 2. bonito; 3. buenos; 4. caras; 5. todos; 6. viejos; 7. sucias; 8. cansados (*oder:* cansadas); 9. cómoda; 10. gran; 11. buen; 12. mal

2.
1. la canción francesa
2. la dulce miel
3. el restaurante típico
4. el gato negro
5. el calor tropical
6. el viaje caro
7. poca gente
8. los pequeños problemas cotidianos

3.
1. trabajadores; 2. interesantes; 3. marroquíes; 4. mayor; 5. francesas; 6. marrón; 7. holgazanes; 8. tropical; 9. anterior; 10. indígenas; 11. grandes; 12. tímida, abierta

4.
1. seco; 2. tranquilas; 3. pobre; 4. feo; 5. agrias; 6. estrecha; 7. caliente; 8. largas; 9. alegre (*oder:* contento, -a); 10. aplicada (*oder:* trabajadora); 11. incómodo

5.
1. La leche es más sana que la limonada.
2. Suiza es menos grande que Alemania.
3. París es una de las ciudades más bonitas de Europa.
4. Para un alemán, el ruso es más difícil que el inglés.
5. El uno es tan simpático como el otro.
6. Todos estos regalos son muy bonitos, pero el más bonito de todos es el de mi padre.

7. Si yo fuera tan perezoso como tú, no habría aprobado el examen.
8. De todas las ciudades que he visto, la más interesante para mí es Nueva York.
9. Creo que es el más adecuado.
10. Este bolso es más barato que éste otro, pero de peor calidad.
11. Raúl es más/menos inteligente que su hermano.
12. Esta tarta de manzana está muy buena, pero las mejores tartas de manzana son las de la cafetería "El Sol".

6.

1. Tu diccionario es bueno, pero éste es mejor.
2. Esa fue la peor situación de nuestra vida.
3. En esta ciudad hay muchos monumentos interesantes.
4. Los hermanos menores tienen muchas veces más derechos que los mayores.
5. En este restaurante hay muy buenas ensaladas y platos de pescado. (*Oder:* ... hay ensaladas y platos de pescado muy buenos.)
6. Se dice que los mejores vinos españoles son de La Rioja.
7. Ésta es una de las tiendas más caras de la ciudad.
8. Ana no es tan simpática como su hermana.
9. La más simpática de todas es sin duda Beatriz.
10. Mi tía siempre es muy generosa.

7.

- una docena de velas rojas
- dos manteles blancos
- un paquete de servilletas rojas
- media docena de sillas plegables
- diez botellas de vino francés
- un kilo de peras muy maduras
- un trozo de queso manchego
- medio kilo de tomates pequeños para decorar
- un bote de salsa picante
- un poco de queso fresco
- unas latas de aceitunas negras
- un kilo de espárragos verdes

11 Die Zahlen

1.

1. cero, ochenta y nueve, setenta y seis, veintitrés, cincuenta y uno
2. el veintinueve de junio de mil novecientos cincuenta y siete
3. sesenta y seis mil ochocientos nueve
4. seiscientos veintiún kilómetros (*oder:* seiscientos veintiuno)
5. trescientos cincuenta
6. ciento veintiocho

2.

1. cincuenta; 2. ciento diez; 3. trescientos sesenta y cinco; 4. medio; 5. ciento veintiuna; 6. quinientos siete; 7. dos mil uno; 8. cien

3.

1. (1) primer, (4) cuarto; 2. (3) tercera; 3. (9) novena; 4. (1) primero, (2) segundo, (1/4) un cuarto

4.

1. ¿Qué hora es? - Son las ocho y media.
2. ¿A qué hora vienes? - A las tres y cuarto.
3. ¿Cuántos años tienes? - Tengo veintiséis años.
4. ¿Cuántos grados hace hoy? (*Oder:* ¿Cuántos grados tenemos hoy?)
   - Hace mucho calor, hoy hace treinta y cinco grados. (*Oder:* Hoy tenemos treinta y cinco grados.)

12 Das Präsens

1.

1. estudia, estudian, hablas
2. compro, están, puedes, sé, necesito
3. sale
4. discute, va
5. venden
6. estamos, vamos
7. pedimos

2.

regelmäßig: leer, abrir, andar, cenar, ducharse, comprender, subir, levantarse, aprender
e → ie: cerrar, entender, pensar, preferir, querer
o → ue: recordar, revolver, dormir, mostrar
e → i: decir (yo digo), vestirse, reírse, servir, pedir, elegir (yo elijo)
u → ue: jugar

3.

1. soy, 2. estás, 3. llamo, 4. paso, 5. estoy, 6. sigo, 7. tengo, 8. voy, 9. mando

4.

hacer: hago, haces, hace, hacemos, hacéis, hacen, hacen
poner: pongo, pones, pone, ponemos, ponéis, ponen, ponen
valer: valgo, vales, vale, valemos, valéis, valen, valen
salir: salgo, sales, sale, salimos, salís, salen, salen
decir: digo, dices, dice, decimos, decís, dicen, dicen
seguir: sigo, sigues, sigue, seguimos, seguís, siguen, siguen

5.

1. Quiero viajar a Guatemala el año próximo.
2. ¿Empiezas muy temprano a estudiar?
3. ¿Cuándo vienes a ver mi nueva cocina?
4. Horario corrido: no cierro a mediodía.
5. ¿Te encuentras luego con Pepe y Alejandra?

6.

1. Mañana es el cumpleaños de Pilar, ¿vamos a visitarla?
   – ¡Buena idea! ¿Sabes que sus hijos asisten (*oder:* van) a la misma academia de idiomas que los nuestros?
   – Sí, y saben hablar muy bien alemán.
2. Santiago, ¿quieres ir a nadar el lunes? – Lo siento, no puedo ir, tengo que tocar la flauta en la escuela.
3. Pedro, ¿dónde está el papagayo (*oder:* loro)?, ¡no está en su jaula!
   – ¡Mira, está allí arriba, posado en la rama!

13 Das *Indefinido*

1.

llamar: llamé, llamaste, llamó, llamamos, llamasteis, llamaron
beber: bebí, bebiste, bebió, bebimos, bebisteis, bebieron
salir: salí, saliste, salió, salimos, salisteis, salieron
enviar: envié, enviaste, envió, enviamos, enviasteis, enviaron

2.

1. trajiste, tuvo; 2. estuve, volviste, pude, viví; 3. llegaste, cerramos, fuimos, tuvo, tomamos; 4. dio; 5. descubrió, estudió; 6. compré, pagué, tuviste, encontraste; 7. leímos, contaron, leyeron

3.

1. compraste; 2. traje; 3. comimos; 4. decidí; 5. gustaron; 6. busqué; 7. compré; 8. pusiste; 9. te fuiste; 10. se quedaron; 11. me olvidé; 12. llamó; 13. estuvieron; 14. bebió

4.

waagerecht: tuvo, vine
senkrecht: trajimos, fuimos, estuvieron, hizo, pusisteis, supiste
1. tuvo; 2. fuimos, trajimos; 3. estuvieron; 4. hizo; 5. pusisteis; 6. Supiste; 7. vine

5.

1. pudo; 2. conocí; 3. estuvimos; 4. vemos; 5. he ido; 6. Fuiste

6.

7. Alejandro López nació en Ávila en 1975.
11. En 1977 se trasladó con sus padres a Madrid.
9. A los seis años empezó a ir al colegio en Madrid. Después hizo el bachillerato y empezó a estudiar Económicas.
1. Cuando tenía veintiún años conoció a Patricia y se enamoró de ella.
6. Terminó sus estudios con éxito y quiso casarse con Patricia.
8. Pero ella no quiso casarse.
4. Entonces se pelearon y él decidió aceptar un puesto en una compañía de seguros en México.
2. En México ganó mucho dinero.
10. Después de cinco años en México volvió a Madrid, volvió a ver a Patricia y le preguntó si quería casarse con él. Ella dijo que sí y se casaron.
5. Tuvieron cinco hijos ...
3. y fueron muy felices.

14 Das Imperfekt

1.
jugar: jugaba, jugabas, jugaba, jugaba, jugábamos, jugabais, jugaban, jugaban
tener: tenía, tenías, tenía, tenía, teníamos, teníais, tenían, tenían
escribir: escribía, escribías, escribía, escribía, escribíamos, escribíais, escribían, escribían

2.
1. fumaba, fumo; 2. veíamos, vemos; 3. iban, van; 4. era, es; 5. íbamos a bailar

3.
ser: era, eras, era, era, éramos, erais, eran, eran
ver: veía, veías, veía, veía, veíamos, veíais, veían, veían
ir: iba, ibas, iba, iba, íbamos, ibais, iban, iban

4.
1. Cuando era niño me gustaba comer helados.
2. Antes no íbamos mucho al cine.
3. En verano, mis padres se quedaban siempre en la playa.
4. Antes mis amigas hacían más gimnasia que ahora.

5.
1. empezaste; 2. empecé; 3. Tomabas; 4. dio; 5. actuaste; 6. tuve; 7. Tienes; 8. fascinaba; 9. llegué; 10. me dedico; 11. has comentado (*oder:* comentabas); 12. vas; 13. estuve; 14. gustó; 15. voy; 16. deseamos

6.
1. llegó; 2. gritaba; 3. tenía; 4. empezó; 5. pasó (*oder:* había pasado); 6. salió; 7. fue; 8. llovía; 9. hacía; 10. Llegó; 11. abrió; 12. observó; 13. estaba; 14. se preparó; 15. se puso; 16. deseó; 17. pasaban; 18. tomó; 19. tenía; 20. comió; 21. escuchó; 22. Se levantó; 23. miró; 24. vio; 25. abrió; 26. vio; 27. había; 28. llevaba; 29. quería; 30. se asustó; 31. logró; 32. fue; 33. pudieron; 34. estaba; 35. encontraron

15 Das Futur

1.
tomar: tomaré, tomarás, tomará, tomaremos, tomaréis, tomarán
beber: beberé, beberás, beberá, beberemos, beberéis, beberán
abrir: abriré, abrirás, abrirá, abriremos, abriréis, abrirán

2.

waagerecht: pondremos
senkrecht: podréis, harán, querré, dirás, tendrás
1. harán; 2. pondremos; 3. Tendrás; 4. dirás; 5. querré; 6. podréis

3.

1. tendremos; 2. podremos; 3. Saldremos; 4. Iremos; 5. haremos; 6. seguiremos; 7. pasaremos; 8. sabremos; 9. podrá; 10. continuará; 11. regresaremos; 12. Vendrás; 13. estaremos; 14. Será

4.

1. ¿A qué hora llegarán los invitados?
   - Estarán aquí a eso de las cuatro. (*Oder:* alrededor de las cuatro)
2. ¿Crees que lloverá hoy?
   - Sí, probablemente lloverá.
3. ¿Ya sabe que ella tiene otro? (*Oder:* ¿Sabe ya ...?)
   - Seguramente ya lo sabrá. (*Oder:* Seguramente lo sabrá ya.)

16 Das *Condicional*

1.

dar: daría, darías, daría, daríamos, daríais, darían
ver: vería, verías, vería, veríamos, veríais, verían
abrir: abriría, abrirías, abriría, abriríamos, abriríais, abrirían

2.

waagerecht: pondría
senkrecht: podríamos, haría, diría, tendríais
1. Podríamos; 2. pondría; 3. haría; 4. Tendríais; 5. diría

3.

1. gustaría; 2. bajaría; 3. daría; 4. habría; 5. podría

4.

1. - g; 2. - c; 3. - e; 4. - b; 5. - h; 6. - d; 7. - a; 8. - f

5.

1. ¿No te gustaría dejar de fumar?
   - Sí, me gustaría mucho, pero no puedo.
2. Me gustaría mucho comer tortilla, pero me gustaría más preparar (*oder:* mejor prepararía) una ensalada, porque no tiene calorías.

17 Das Perfekt

1.

1. ¿Ya le has vendido tu coche a Pablo?
2. Hoy hemos comido en el restaurante de Daniel.
3. No he comprendido la obra de teatro.
4. Mónica ha estado muy enferma esta semana. (*Oder:* Esta semana Mónica ha estado muy enferma.)
5. Pedro y José han traducido el texto al alemán.

2.

1. Has hecho, me he levantado, me he duchado, he bañado, me he vestido, hemos desayunado, he llevado, he ido
2. he podido, ha comprado
3. ha vuelto, he hablado, ha dicho

3.

<u>waagerecht</u>: escrito, dicho, descubierto
<u>senkrecht</u>: roto, visto, puesto, hecho, abierto
1. escrito; 2. roto; 3. visto; 4. puesto; 5. abierto; 6. dicho; 7. hecho; 8. descubierto

4.

1. llegas; 2. sales; 3. he salido; 4. conduce; 5. producen; 6. pongo; 7. cuento; 8. he venido; 9. he llegado; 10. has dado; 11. voy; 12. podemos; 13. encanta; 14. muevo; 15. hago

5.

1. – b); 2. – a); 3. – d); 4. – g); 5. – e); 6. – c); 7. – f); 8. – h)

6.

¿Has hecho ya el café?
– No, todavía no he tenido tiempo.
Yo lo voy a hacer ahora, ¿dónde has puesto la cafetera?
– Lo siento, no la he visto.

18 Das Plusquamperfekt

1.

1. Paco y Ana se habían conocido en una fiesta.
2. Eva me mostró lo que había comprado en Cádiz.
3. Quise invitarte a comer, pero ya te habías ido.
4. Cuando llegué ya habían cerrado.
5. ¿No habíais planeado una excursión para hoy?

2.

1. consiguió, había cumplido
2. estaba, había llovido
3. Decidimos, había empezado
4. pude (*oder:* podía), había visto
5. llamé, dijeron, habías ido
6. cogieron (*oder:* habían cogido), eran

19 Das Futur II

1.

1. habrás comido; 2. Habrán pagado; 3. se habrán escondido, se habrán ido; 4. habrá pasado, habrá tenido; 5. habrán tenido

2.

1. Sí, problamente ya la habrá escrito. (*Oder:* la habrá escrito ya)
2. Sí, probablemente habrá llegado a tiempo.
3. Sí, probablemente ya habrán comenzado. (*Oder:* habrán comenzado ya)
4. Sí, probablemente la habrá conseguido.
5. Sí, probablemente ya habrán vuelto. (*Oder:* habrán vuelto ya)

20 Das *Condicional Perfecto*

1.

1. habría llamado; 2. habrían llevado; 3. habrías empezado; 4. habríamos esperado; 5. habría gustado; 6. habría ido

2.

1. ¿qué habrías hecho tú en mi lugar?
2. pero no teníamos dinero.
3. habría ido a pie.
4. habría preparado un flan.
5. habría reparado el coche.
6. habría saludado.
7. ver a Lucía antes de que volviera a Buenos Aires?

21 Der *Subjuntivo*

1.
1. acompañes; 2. habléis; 3. se comporte; 4. se decidan; 5. vuelva; 6. escuchéis; 7. tengas; 8. despidan; 9. hagas; 10. sean

2.
1. critiquéis; 2. pongáis; 3. os metáis; 4. deje; 5. coja; 6. prohíba; 7. se ponga

3.
1. asistas; 2. guste; 3. convenzáis; 4. pueda; 5. sigan; 6. tenga; 7. esté; 8. salgan; 9. sea; 10. tengáis

4.
1. sea flexible; 2. sepan español; 3. sepa cocinar; 4. tenga coche; 5. conozca Escandinavia; 6. hable ruso; 7. dé clases de guitarra

5.
1. – h); 2. – b); 3. – e); 4. – a); 5. – i); 6. – c); 7. – g); 8. – f); 9. – d)

6.
1. estoy; 2. creas; 3. se recupere; 4. terminéis; 5. cambiéis; 6. te vayas; 7. sabe

7.
1. tiene; 2. reaccione; 3. hagan; 4. es; 5. se trate; 6. consiga (*oder:* consigo); 7. diga; 8. es; 9. admita; 10. se hace; 11. se las arregle

8.
1. estuvieran (*oder:* estuviesen)
2. fuera (fuese)
3. nos ocupáramos (nos ocupásemos), estuviera (estuviese)
4. se dieran (se diesen)
5. tuviéramos (tuviésemos)
6. se estropeara (se estropease)
7. fuéramos (fuésemos)
8. salieran (saliesen)
9. acompañara (acompañase)
10. contratáramos (contratásemos), estuviera (estuviese)
11. dejaran (dejasen)

9.

1. respetaras (respetases)
2. te dirigieras (te dirigieses)
3. invitaras (invitases)
4. compartiéramos (compartiésemos)
5. utilizaras (utilizases)
6. te ocuparas (te ocupases)
7. participaras (participases)
8. limpiaras (limpiases)
9. hicieras (hicieses)
10. pusieras (pusieses)

10.

1. volvieran (*oder:* volviesen, volverían)
2. tenéis (*oder:* tengáis)
3. tenía
4. pase
5. se portaran (*oder:* se portasen, se hubieran portado, se hubiesen portado)
6. estaba
7. hayan hablado
8. vive
9. te des, pueden
10. se levante, llora

11.

1. No quería que te fueras. (*oder:* ... que te fueses.)
2. Buscaban una casa que tuviera (tuviese) jardín y que estuviera (estuviese) en un barrio tranquilo.
3. Os pedí que me ayudarais (ayudaseis) un poco más.
4. Nos recomendaron que resolviéramos (resolviésemos) el asunto antes de que hubiera consecuencias graves.
5. Me extrañó que tus amigos gastaran (gastasen) tanto dinero en un coche.
6. Ana necesitaba que la escucharan (escuchasen).
7. Mi padre no creía que llegáramos (llegasemos, llegaríamos) a Italia con este coche.

8. Era raro que con el calor que hacía hubiera (hubiese) tan poca gente en la playa.
9. A Elena le molestaba (le molestó) que sus hijos le hablaran (hablasen) en ese tono.
10. No me parecía bien que faltaras (faltases) tanto a clase.
11. Nos alegramos mucho de que te ofrecieran (ofreciesen) un puesto tan interesante.
12. No creía que fuera (fuese) tan fácil reunir a tanta gente en el plazo de dos días.

12.

1. Si no lo supieras (supieses), te lo diría.
2. Si compraras (comprases) un coche así, te ahorrarías muchos problemas.
3. Si fumaras (fumases) menos, se te quitaría esa tos.
4. Si la ayudarais (ayudaseis) un poco, terminaría más rápido.
5. Si los niños no tuvieran (tuviesen) clase mañana, podríamos salir antes.
6. Si no hiciera (hiciese) frío, podríamos cenar en la terraza.
7. Si no os atrevierais (atrevieseis) a decírselo, sería peor.
8. Si estuvieras seguro (estuvieses), podrías ponerte a trabajar.
9. Si Alfonso aceptara (aceptase) tu propuesta, daríais un buen paso.
10. Si las cosas siguieran (siguiesen) así, podríamos dar por terminado el asunto.

13.

1. No quiero que habléis con él sobre este asunto.
2. Los anfitriones sintieron mucho que no pudieras (pudieses) venir.
3. Tienes que decidirte antes de que sea demasiado tarde.
4. Aunque hubiera encontrado una habitación, no me habría quedado en ese lugar.
5. Llámame cuando hayas llegado.
6. Si el tren se hubiera (hubiese) retrasado cinco minutos más, habríamos perdido el avión.
7. Ojalá puedas ayudarle.
8. Nos disgusta (*oder:* no nos gusta) que Jorge se comporte como si no tuviera nada que ver con este asunto.
9. Era (*oder:* fue) mejor que se fueran (fuesen).
10. Temían que sus hijos no se ocuparan de nada mientras ellos estaban de vacaciones.

22 Der Imperativ

1.

¡Come!, ¡Comed!; ¡Ven!, ¡Venid!; ¡Escribe!, ¡Escribid!; ¡Descansa!, ¡Descansad!; ¡Juega!, ¡Jugad!; ¡Sal!, ¡Salid!; ¡Corre!, ¡Corred!; ¡Duerme!, ¡Dormid!; ¡Trabaja!, ¡Trabajad!; ¡Di!, ¡Decid!; ¡Pon!, ¡Poned!; ¡Escucha!, ¡Escuchad!; ¡Recoge!, ¡Recoged!

2.

¡No subas!; ¡No sigáis!; ¡No coma!; ¡No durmáis!; ¡No hables!; ¡No miren!; ¡No vuelvas!; ¡No traduzcas!; ¡No traiga!

3.

1. Respeta la personalidad de tu marido.
2.No lo (*oder:* le) compares nunca con otros.
3. Consulta con él … . 4. Escúchale … . 5. No te impacientes … . 6. Hazle … .
7. Intenta … . 8. No le exijas … . 9. No te pongas … . 10. Tómate … .
11. No lo critiques … . 12. Dale … . 13. Déjale … . 14. Sé … . 15. Recuerda … .

4.

1. Lleva; 2. Lávate; 3. Cuelguen; 4. pongas; 5. Recoged; 6. Lea; 7. Abrid; 8. digas; 9. Prueben; 10. esperéis

5.

1. Regad; 2. dejéis; 3. os olvidéis; 4. Llamad; 5. Comed; 6. toquéis; 7. despilfarréis; 8. Apuntad; 9. pongáis; 10. vayáis

6.

1. ¡Rómpelo! 2. ¡Idos! (*oder umgangssprachlich:* ¡Iros!) 3. ¡Levántense! 4. ¡Ven! 5. ¡Hacedlo! 6. ¡Tráigamelo! 7. ¡Atrévase! 8. ¡Sal! 9. ¡Sentaos! 10. ¡Dense prisa! 11. ¡Ríanse! 12. ¡Gritad!

7.

vestirse: ¡Vístete!, ¡Vestíos!, ¡No te vistas!, ¡No os vistáis!
esconderse: ¡Escóndete!, ¡Escondeos!, ¡No te escondas!, ¡No os escondáis!
dormirse: ¡Duérmete!, ¡Dormíos!, ¡No te duermas!, ¡No os durmáis!
olvidarse: ¡Olvídate!, ¡Olvidaos!, ¡No te olvides!, ¡No os olvidéis!
reírse: ¡Ríete!, ¡Reíos!, ¡No te rías!, ¡No os riáis!
sentarse: ¡Siéntate!, ¡Sentaos!, ¡No te sientes!, ¡No os sentéis!
volverse: ¡Vuélvete!, ¡Volveos!, ¡No te vuelvas!, ¡No os volváis!
despertarse: ¡Despiértate!, ¡Despertaos!, ¡No te despiertes!, ¡No os despertéis!
divertirse: ¡Diviértete!, ¡Divertíos!, ¡No te diviertas!, ¡No os divirtáis!

8.
1. ¡Dáselo! 2. ¡Mándeselo! 3. ¡Ponla! 4. ¡Hazlos! 5. ¡Devuélvanselo!
6. ¡Preguntadle! 7. ¡Véndala! 8. ¡Préstaselo! 9. ¡Contestadle! 10. ¡Pídasela!
11. ¡Tenlo atado! 12. ¡Pregúntenle! 13. ¡No la toquéis con las manos!
14. ¡No lo invites! 15. ¡No se lo digas!

23 Der Infinitiv

1.

1. Al salir de la estación, vi pasar a tu hermana.
2. Esto le pasa por ser tan testaruda.
3. De llegar antes del anochecer, seguramente encontraremos todavía una habitación.
4. Antes de irnos de vacaciones, tendremos que arreglar todavía un asunto importante.
5. De tener ese dinero, te lo prestaría con mucho gusto.
6. No te lo dijimos por no asustarte.
7. Al pasar delante de la casa de Mercedes, siempre nos paramos un rato para mirar las flores del balcón.
8. Después de terminar de comer, me vas a echar una mano para tender la ropa.
9. Carlos siempre está dispuesto a ayudarnos, a pesar de tener muy poco tiempo.
10. De haberte dado prisa, habrías llegado a tiempo.

2.
1. acabo de; 2. vuelves a; 3. terminé por; 4. llegué a; 5. se echó a; 6. va a;
7. Deja de; 8. empezar a

3.
1. Debe de; 2. Debe de; 3. Tienes que; 4. Deben de; 5. Tenéis que; 6. Tengo que;
7. Tuvimos que

24 Das *Gerundio*

1.
estás comiendo; están estudiando; está durmiendo; estoy terminando; estáis leyendo; estamos hablando; está corrigiendo; están ayudando; estás viviendo; está cayendo; estáis empezando; estoy volviendo; están escribiendo; están eligiendo; estás construyendo; estoy haciendo

2.
1. hablando; 2. estudiando; 3. celebrando; 4. durmiendo; 5. empeorando;
6. preguntando; 7. arreglando; 8. siguiendo; 9. mintiendo; 10. lloviendo;
11. construyendo; 12. traduciendo

3.

1. Clara se fue diciendo ... .
2. Empezando a tiempo, tendremos toda la tarde libre.
3. Aun teniendo una casa más grande, estaría igual de desordenada.
4. Corriendo por el parque me encontré con tu vecina.
5. Carlos salió enfurecido dando un portazo.
6. En la selva amazónica vimos un mono saltando por los árboles.
7. Gastando tanto dinero en ese regalo, no te quedará casi nada para los otros.
8. Se resistiría a creerlo aun diciéndoselo más claramente.
9. Paseaba por la calle cantando en voz baja.
10. Yendo por esta carretera, se ahorrarán por lo menos veinte kilómetros.
11. Cuando vieron que todas las cajas estaban vacías, los ladrones se fueron maldiciendo su mala suerte.
12. Dejando caer las bolsas se la compra, se sentó.

4.

1. llegar; 2. emigrando; 3. pasar; 4. fumar; 5. nevando; 6. puesta; 7. cometer; 8. viviendo; 9. vendidas; 10. Hablando, perdiendo; 11. desordenado

5.

1. ¿Qué estáis haciendo? – Estamos cenando.
2. Si sigues trabajando así, algún día tendrás problemas de salud.
3. Llevo una semana preparándome para el examen.
4. Están celebrando el cumpleaños de Anita.
5. Tenemos que seguir ahorrando un poco para poder hacer este viaje.
6. He esperado (*oder:* he estado esperando) media hora y he terminado marchándome.
7. Nuestro proyecto está progresando muy bien.
8. Ester y su madre llevan una hora peleándose. (*oder:* llevan una hora discutiendo)
9. Pablo empezó organizando viajes pequeños para amigos y hoy tiene una de las agencias de viajes más grandes de la ciudad.
10. Contesta tú al teléfono, por favor, yo estoy acostando a los niños.

25 Das Partizip Perfekt

1.
1. maduras; 2. prohibida, tolerada; 3. leídas; 4. teñido; 5. fijado, roto; 6. hecha, condimentada, decorado; 7. casada, casado

2.
1. cerrado, abiertas; 2. encendido, apagadas; 3. roto, rotos; 4. usado; 5. mojada, manchada

26 Das Passiv

1.
soy visto, -a; han sido tocados, -as; seréis atacados, -as; es defendido, -a; fueron abiertos, -as; serán comprados, -as; son obligados, -as; seremos observados, -as; han sido arreglados, -as; fuisteis llevados, -as; han sido golpeados, -as; serás robado, -a

2.
1. El niño fue adoptado por unos amigos de la familia.
2. Ayer fue inaugurada una biblioteca infantil por el alcalde.
3. El poema será leído por la profesora.
4. Los empleados del banco fueron obligados por los ladrones a abrir la caja fuerte.
5. Estos terrenos van a ser adquiridos por la constructora "Campo Verde".
6. Gran parte de los árboles del parque nacional fue destruida por el fuego.
7. El proyecto es estudiado detenidamente por los ingenieros.
8. Los trabajos de carpintería han sido realizados por mi hermano.
9. La bodega fue fundada hace más de cien años.

3.
1. está; 2. han sido (*oder:* fueron) robados; 3. ha sido; 4. está; 5. está, están; 6. fueron; 7. ha sido (*oder:* fue); 8. está, está; 9. estaban; 10. estoy

4.
1. La cena será servida por un restaurante famoso.
2. Los medicamentos han sido distribuidos por varias enfermeras.
3. Los montañeros fueron salvados por un perro San Bernardo.
4. El ministro es amenazado por un colaborador.
5. La película será dirigida por un director todavía desconocido.
6. El cuadro fue adquirido por un comprador anónimo.
7. La casa fue diseñada por una amiga nuestra.

5.

1. La manifestación se disolvió en cinco minutos.
2. Muchas escenas de la película se filmaron en los Andes.
3. Nuestro viaje a Madrid se ha aplazado hasta principios de agosto.
4. Es la tercera novela que se ha publicado este año sobre el mismo tema.
5. Estos edificios se construyeron el año pasado.
6. En la reunión de ayer se acordaron nuevos aumentos de sueldo.
7. El coche del asesino se ha encontrado en las afueras de Valencia.
8. Estos trastos se venderán en un mercadillo.
9. Ayer se aprobaron los presupuestos para el próximo año.
10. Los cuadros de esta exposición se colocaron según un orden muy bien pensado.
11. La iglesia del pueblo se reconstruyó en 1995.
12. El acto se organizó con toda rapidez.

6.

Se machacan en el mortero los ajos, la sal y la pimienta. Se añaden el zumo de limón y una cucharada de aceite, y se adoba la carne con este preparado. En una cazuela se fríen las cebollas picadas. Cuando estén doradas, se añaden la harina y el Jerez. Se remueve hasta que empiece a hervir y se coloca en la cazuela la carne. Se rodea la carne con las zanahorias cortadas en rodajas y se deja cocer hasta que esté tierna. Entonces se corta la carne en lonchas. Se escurren las zanahorias y se ponen en una fuente. Se baña la carne con la salsa y se sirve caliente.

27 Der Gebrauch der Verben *ser*, *estar* und *hay*

1.

1. somos; 2. es; 3. Es; 4. son; 5. es; 6. Es; 7. son; 8. es; 9. Somos; 10. son; 11. es

2.

1. estado; 2. está; 3. están; 4. están; 5. Estoy; 6. está; 7. estáis; 8. está; 9. Estamos

3.

1. está; 2. es; 3. están; 4. es; 5. están; 6. Estás, estás; 7. están, es; 8. Son; 9. es; 10. Es; 11. está; 12. es; 13. es, está

4.

1. están; 2. es; 3. estáis; 4. es; 5. Está; 6. son; 7. es; 8. estamos; 9. estás; 10. Son

5.

1. Hay; 2. Está; 3. Había; 4. están; 5. hay; 6. están; 7. Hay

6.

1. está; 2. hay; 3. están; 4. es, están; 5. somos, estamos; 6. hay; 7. Es, estén; 8. son, son; 9. está; 10. hay; 11. es; 12. es, estás

28 Die indirekte Rede

1.

1. Mi madre dijo que no llegó/había llegado a tiempo.
2. Tu hermana me dijo que lo vio/había visto el otro día en la calle.
3. Ramón nos dijo que no tenía tiempo.
4. Elena diría que le salió/había salido todo fenomenal.
5. Mis vecinos me dijeron que me ayudarían a organizar la fiesta.
6. Mi sobrina dice que ya ha leído varias novelas de esta autora.
7. Rita me prometió que me compraría este disco.
8. Mi colega me había dicho que estaba planeando un viaje a las islas Galápagos.
9. Mi hermana me dijo que ella en mi lugar no aceptaría la oferta.
10. Federico decía que si le daban el puesto, tendría que cambiar de casa.
11. Mi padre me ha dicho que no cree que yo tenga razón.
12. Miguel me prometió que me llamaría.

2.

1. la apaguéis
2. se lo des
3. os vayáis
4. lo hagas
5. lo repita
6. te muevas
7. se lo digáis
8. vengas
9. te lo pongas
10. lo mires
11. se lo compres
12. te prepares
13. se lo preguntara (*oder:* preguntase)
14. lo tiraras (tirases)
15. lo/le/la miraran (mirasen)
16. te los pusieras (pusieses)
17. se fueran (fuesen)
18. pasarais (pasaseis)
19. se lo comiera (comiese)
20. lo/le/la siguierais (siguieseis)
21. se lo enseñaras (enseñases)
22. te divirtieras (divirtieses)
23. estudiaras (estudiases)

24. lo/la/le escucharais (escuchaseis)
25. se lo dijerais (dijeseis)
26. lo preguntara (preguntase)
27. las reservarais (reservaseis)

3.

1. Ha llamado J. F. Dice que si quieres, puedes pasar a recoger tu televisor. Que ya lo han arreglado.
2. Ha llamado Charo. Dice que la llames cuando vuelvas.
3. Ha llamado Susana. Pregunta (que) si te has olvidado de la cita que teníais. Dice que espera tu llamada.
4. Ha llamado tu madre. Pregunta (que) qué te pasa, (que) por qué no la llamas. Dice que hace una semana que no sabe nada de ti, que no la hagas esperar más. Te manda un beso.

4.

1. Ayer llamó J. F. Dijo que si querías, podías pasar a recoger tu televisor. Que ya lo habían arreglado.
2. Ayer llamó Charo. Dijo que la llamaras (llamases) cuando volvieras (volvieses).
3. Ayer llamó Susana. Preguntó (que) si te habías olvidado de la cita que teníais. Dijo que esperaba tu llamada.
4. Ayer llamó tu madre. Preguntó (que) qué te pasaba, (que) por qué no la llamabas. Dijo que hacía una semana que no sabía nada de ti, que no la hicieras (hicieses) esperar más.

5.

1. se había ido; 2. tenía; 3. habías mandado; 4. daría; 5. has perdido; 6. nos quedáramos (nos quedásemos); 7. tenía, fuéramos (fuésemos); 8. se ocuparía, estaba; 9. ha llegado; 10. había visto (*oder:* vio)

6.

1. Sara ha dicho que mañana quiere ir al cine.
2. Tus padres dijeron que te habías ido a la oficina muy temprano.
3. La directora ha ordenado que todos vayan a la reunión (*oder:* asamblea).
4. Pedro afirma siempre que yo no le devuelvo sus libros.
5. La señora Rodríguez ha dicho que Josefina no está en casa, que vuelva a llamar más tarde.
6. La profesora anunció que el próximo examen sería en julio.
7. Diles que se sienten (*oder:* que tomen asiento).
8. Me dijo que me acostara (*oder:* me acostase) si estaba cansada, -o.
9. Habíais prometido que vendríais a vernos.
10. Me ha asegurado que se habría olvidado de la cita si yo no le hubiera llamado (*oder:* hubiese llamado).

29 Die Adverbien

1.

1. tranquilamente; 2. rápidamente; 3. cortésmente; 4. perfectamente; 5. razonablemente; 6. Felizmente; 7. extraordinariamente; 8. completamente; 9. amablemente; 10. lentamente; 11. raramente; 12. cariñosamente; 13. Generalmente; 14. Probablemente; 15. fácilmente

2.

1. Elena siempre va vestida muy elegantemente.
2. Mi hermana habla bien italiano.
3. Nunca hemos comido tan mal como en este restaurante.
4. Realmente, no tengo ganas de ir al cine hoy.
5. Mi padre habla poco, pero mi hermano habla menos todavía.
6. Extrañamente, no me lo ha dicho.
7. En esta oficina se trabaja muy concienzudamente.
8. Escucha siempre pacientemente.
9. Han discutido muy violentamente (*oder:* fuertemente).
10. No es precisamente una tarea fácil.

3.

1. muy; 2. muy; 3. mucho; 4. muy; 5. muy; 6. mucho; 7. muy; 8. mucho; 9. mucho; 10. mucho

4.

1. antes; 2. allí; 3. todavía; 4. cerca; 5. demasiado; 6. ya; 7. bien; 8. Así, más; 9. despacio

5.

1. en silencio; 2. Sin duda; 3. con frecuencia; 4. con tranquilidad; 5. En general (*oder:* por lo general); 6. con alegría; 7. con mucho cariño; 9. con rapidez

6.

1. Por último; 2. realmente; 3. Últimamente; 4. De verdad; 5. totalmente; 6. en total

7.

roja, llamativa, guapa, castaño, recogido, ligeramente, bronceada, resuelto, detenidamente, expuestos, contenta, cordialmente, simpática, últimamente, detalladamente

8.

1. buena; 2. bien; 3. bien; 4. buena; 5. bien, bueno; 6. buen; 7. bien

30 Die Präpositionen

1.

1. por, Para, por, para; 2. por; 3. para, por; 4. para, por; 5. Por, para; 6. para, por; 7. para; 8. por; 9. por

2.

1. - e; 2. - f; 3. - i; 4. - g; 5. - h; 6. - b; 7. - j; 8. - c; 9. - d; 10. - k; 11. - a

3.

Salimos a las ocho, de Toledo, para estudiar, de compras, para Madrid.
Vuelvo a las ocho, a Toledo, a la escuela, a Madrid, a estudiar.
Iremos a Toledo, a la escuela, a Madrid.
He buscado a mi amiga.
Esta cartera es de piel, de Madrid, de mi amiga, de Toledo, de la escuela.
Entran en la escuela, a las ocho.
Adela es de Toledo, mi amiga.
Nos quedamos en Toledo, en Madrid, en la escuela, para estudiar.

4.

1. ¿Cuándo llegaste (*oder:* has llegado)? - Hace catorce días.
2. La clase ha empezado hace diez minutos.
3. ¿Desde cuándo esperas al autobús? (*Oder:* ¿Cuánto hace que esperas al autobús?)
4. No he visto a María desde marzo.
5. Hasta hace una semana ha estado lloviendo mucho aquí.
6. Peter está con su padre (*oder:* en casa de su padre).
7. El gato espera siempre delante de la puerta.
8. ¿Este tren va a Barcelona?

5.

1. de; 2. a; 3. de; 4. en; 5. en; 6. En; 7. por; 8. a; 9. por (*oder:* delante de); 10. con; 11. en; 12. a; 13. a; 14. con; 15. de; 16. con; 17. sin; 18. al; 19. de; 20. de; 21. de; 22. en; 23. con; 24. de; 25. con; 26. al; 27. de; 28. para; 29. sobre (*oder:* en); 30. Por; 31. a; 32. Con; 33. de; 34. a; 35. de; 36. a (*oder:* para); 37. para; 38. para

6.

1. en; 2. en; 3. de; 4. a; 5. de; 6. a (= al)

7.

1. de; 2. en; 3. de; 4. de; 5. de; 6. a; 7. con; 8. de; 9. de; 10. de; 11. por; 12. en; 13. a; 14. en; 15. de; 16. de; 17. de; 18. En, En; 19. de; 20. de; 21. de; 22. en; 23. a; 24. de

8.

1. a, a
2. –
3. a
4. –, a
5. a
6. –
7. A
8. –
9. a
10. –, –, –

9.

1. –
2. –
3. de, de
4. –, de
5. –
6. –
7. de
8. de
9. –
10. –

31 Die Konjunktionen

1.

1. porque; 2. Antes de que; 3. aunque; 4. siempre que; 5. para que; 6. Como; 7. Por mucho que; 8. como si; 9. Cuando; 10. de modo que

2.

1. sepas; 2. está; 3. se quejen; 4. resulta (*oder:* resulte); 5. vuelven

3.

1. Si; 2. En caso (de) que; 3. si; 4. como si; 5. siempre que; 6. En caso (de) que; 7. como si; 8. Si; 9. En caso (de) que; 10. siempre que

4.

1. hubieras llamado (*oder:* hubieses llamado); 2. trabaje; 3. tienes; 4. vimos; 5. discutáis; 6. llegaron

5.

1. Cuándo, cuando; 2. por qué; 3. porque; 4. Para qué; 5. para que; 6. cuando; 7. para qué (*oder:* por qué); 8. cuándo

6.

1. cuando; 2. Si; 3. Si; 4. Si; 5. si; 6. Si; 7. cuando (*oder:* si); 8. Cuando

7.

1. es; 2. arregle; 3. gane; 4. termine; 5. ayude; 6. paséis (*oder*: tengáis); 7. está; 8. diga; 9. vengas; 10. venda; 11. ha comprado; 12. tiene

Grammatische Fachausdrücke

Fachausdruck	Bezeichnung	Beispiel
Adjektiv	Eigenschaftswort; *adjetivo*	*el vestido* ***rojo;*** das rote Kleid
Adverb	Umstandswort; *adverbio*	*Me voy* ***mañana.*** Ich fahre morgen ab.
Aktiv	Tätigkeitsform; *voz activa*	*El hombre* ***abre*** *la puerta.* Der Mann öffnet die Tür.
Artikel	Geschlechtswort; *artículo*	***la*** *casa,* ***un*** *amigo;* das Haus, ein Freund
Bedingungssatz	*oración condicional*	*Si puedo, vengo.* Wenn ich kann, komme ich.
bestimmter Artikel	*artículo determinado*	***la*** *casa,* ***el*** *jardín;* das Haus, der Garten
Condicional	Bedingungsform, Konditional I	*compraría,* ich würde kaufen
Condicional Perfecto	Bedingungsform, Konditional II	*habría comprado,* ich hätte gekauft
Demonstrativpronomen	hinweisendes Fürwort; *demostrativo*	***este*** *libro,* dieses Buch; ***éste***, dieses
direkte Rede	*estilo directo*	*Ella dice: "Son las dos."* Sie sagt: „Es ist zwei Uhr."
Futur	erste Zukunft; *futuro simple*	*Preguntaré.* Ich werde fragen.
Futur II	zweite Zukunft; *futuro compuesto*	*Habré preguntado.* Ich werde gefragt haben.
Gerundio	gebeugte Grundform des Zeitwortes, Gerundium	*comprando,* kaufend, beim Kaufen
Imperativ	Befehlsform; *imperativo*	*¡Olvídalo!* Vergiss es!
Imperfekt	Mitvergangenheit; *pretérito imperfecto*	*compraba;* ich kaufte, habe gekauft
Indefinido	historisches Perfekt; *pretérito indefinido*	*compré,* ich kaufte, habe gekauft

Fachausdruck	Bezeichnung	Beispiel
Indefinitpronomen	unbestimmtes Fürwort; *indefinido*	***alguien**,* jemand; ***mucha** gente,* viele Leute
Indikativ	Wirklichkeitsform; *indicativo*	***Como** una manzana.* Ich esse einen Apfel.
indirekte Rede	wiedergegebene Rede; *discurso referido*	*Ha dicho que su marido está en la oficina.* Sie sagte, ihr Mann sei im Büro.
Infinitiv	Grundform; *infinitivo*	*comer,* (zu) essen
Interrogativadverb	Frageadverb; *adverbio interrogativo*	*¿**cuándo**?,* wann?
Interrogativpronomen	Fragepronomen; *interrogativo*	*¿**qué** libro?,* welches Buch?; ***quién**?,* wer?
Konjunktion	Bindewort; *conjunción*	*Pregunta **(que) si** vienes.* Er fragt, ob du kommst.
Modus/-i	Aussageweise; *modo*	*Indicativo:* *Te **escribo**.* Ich schreibe dir. *Imperativo:* ***Escríbeme**.* Schreib mir! *Subjuntivo:* *¡Ojalá me **escribas** pronto!* Hoffentlich schreibst du mir bald!
Partizip Perfekt, Partizip II	Mittelwort der Vergangenheit *participio pasado*	*comido,* gegessen
Passiv	Leideform; *voz pasiva*	*La casa **fue construida**.* Das Haus wurde gebaut.
Perfekt	Vorgegenwart; *pretérito perfecto*	*he comprado;* ich kaufte, habe gekauft
Personalpronomen	persönliches Fürwort; *pronombre personal*	*yo, tú, la;* ich, du, sie (Akkusativ)

Fachausdruck	Bezeichnung	Beispiel
Plural	Mehrzahl; *plural*	*libros,* Bücher
Plusquamperfekt	Vorvergangenheit; *pretérito pluscuamperfecto*	*¡Te lo había dicho!* Ich hatte es dir doch gesagt!
Possessivpronomen	besitzanzeigendes Fürwort; *posesivo*	***mi*** *libro,* mein Buch; *el* ***mío****,* meins
Präposition	Verhältniswort; *preposición*	*de, en, con;* von, in, mit
Präsens	Gegenwart; *presente*	*Me gusta nadar.* Ich schwimme gerne.
Pronomen	Fürwort; *pronombre*	*yo, esta, tuyo;* ich, diese, dein
Relativpronomen	bezügliches Fürwort; *pronombre relativo*	*El libro* ***que*** *he comprado.* Das Buch, das ich gekauft habe.
Singular	Einzahl; *singular*	*libro,* Buch
Subjuntivo	Möglichkeitsform, Konjunktiv	*Si* ***tuviera*** *tiempo …* Wenn ich Zeit hätte …
Substantiv	Hauptwort; *sustantivo*	la **mesa**, der Tisch
unbestimmter Artikel	*artículo indeterminado*	**una** casa, **un** jardín; ein Haus, ein Garten
Verb	Zeitwort; *verbo*	*ir, venir;* gehen, kommen

So kommen Sie flüssig ins Gespräch

12,00 € [D] / 12,40 € [A]
ISBN 978-3-12-514379-1

- Spanisch nach Themen: in 14 Kapiteln den wichtigsten Wortschatz vertiefen
- Flüssig ins Gespräch kommen: Satzbausteine nachschlagen und lernen
- Mehr wissen: Landeskundliche und sprachliche Besonderheiten erweitern und Fettnäpfchen vermeiden
- Spanisch auffrischen und erweitern